João Bobo

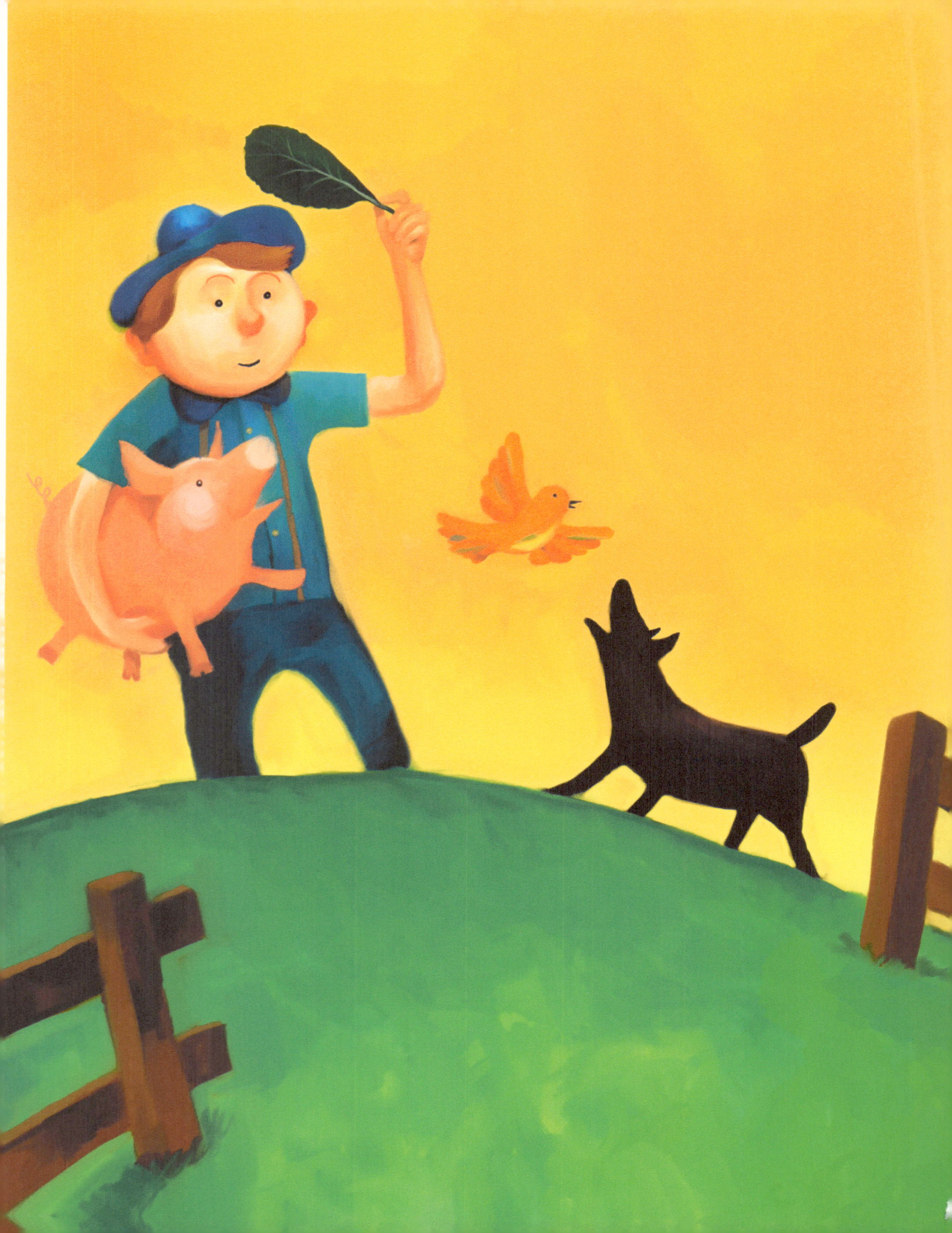

João Bobo

Recontado por

Ana Maria Machado

Ilustrações de

Roberto Weigand

FTD
São Paulo – 2004

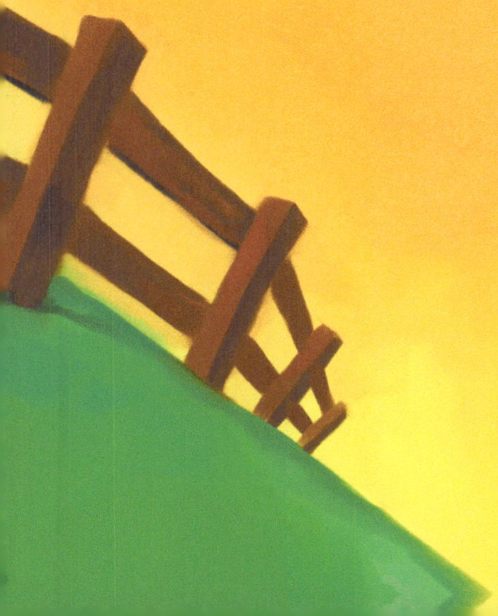

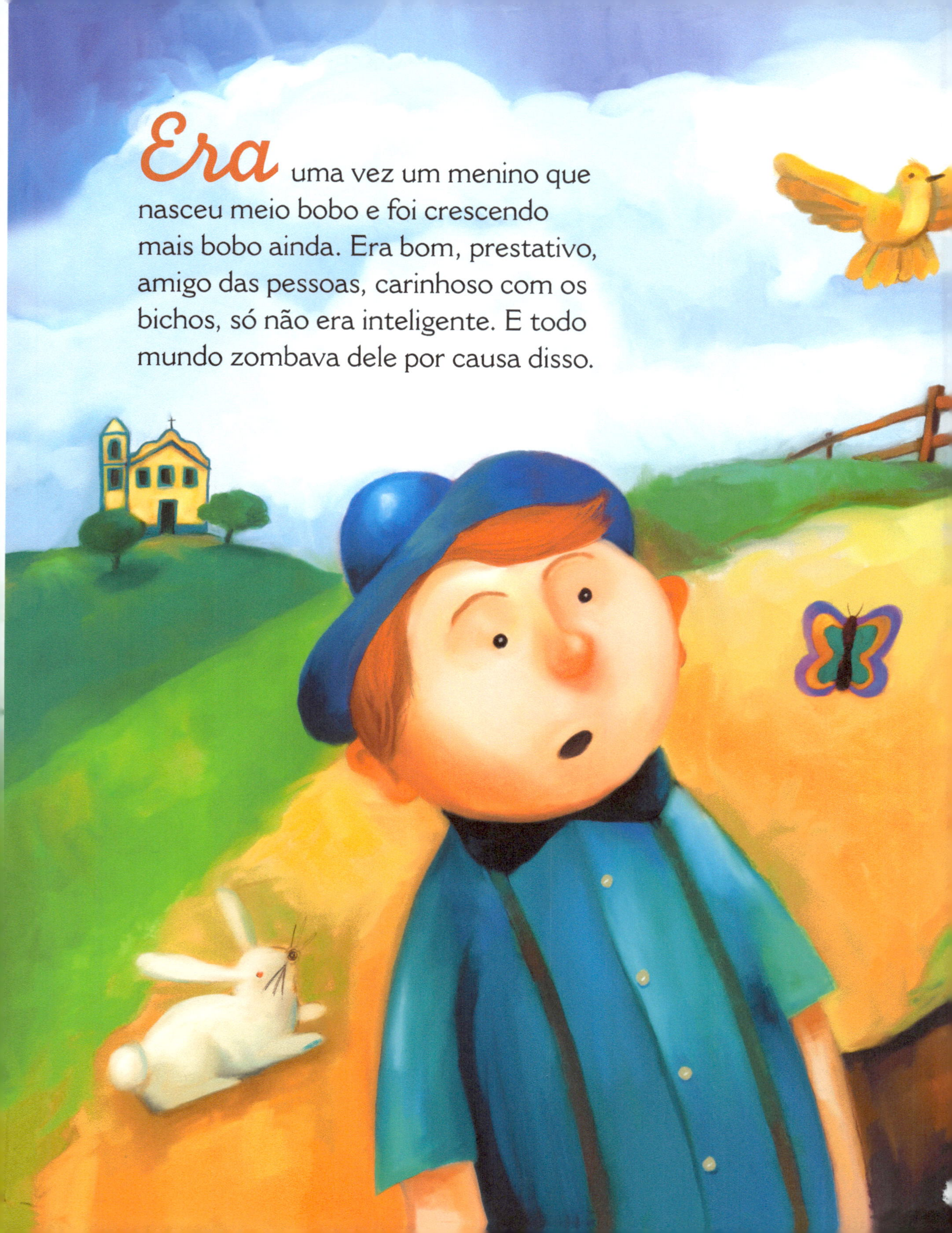

Era uma vez um menino que nasceu meio bobo e foi crescendo mais bobo ainda. Era bom, prestativo, amigo das pessoas, carinhoso com os bichos, só não era inteligente. E todo mundo zombava dele por causa disso.

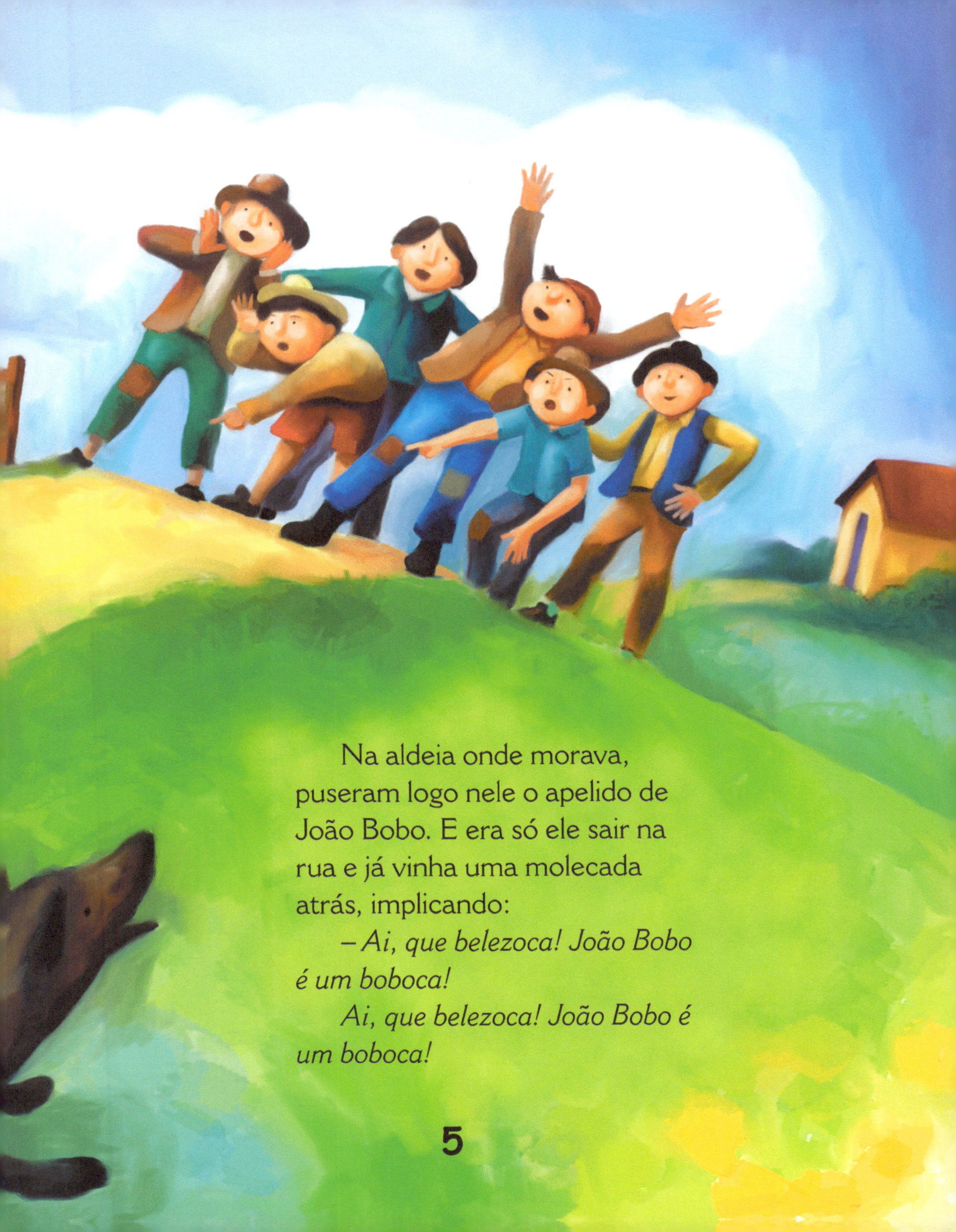

Na aldeia onde morava, puseram logo nele o apelido de João Bobo. E era só ele sair na rua e já vinha uma molecada atrás, implicando:

– Ai, que belezoca! João Bobo é um boboca!

Ai, que belezoca! João Bobo é um boboca!

E o coitado do João Bobo era tão bobo mesmo que nem se zangava. Achava que aquilo era só uma brincadeira, uma musiquinha divertida, e ainda saía rindo, dançando e batendo palmas com a cantoria dos moleques.

Até cantava junto:

– Ai, que belezoca! João Bobo é um boboca!

Ai, que belezoca! João Bobo é um boboca!

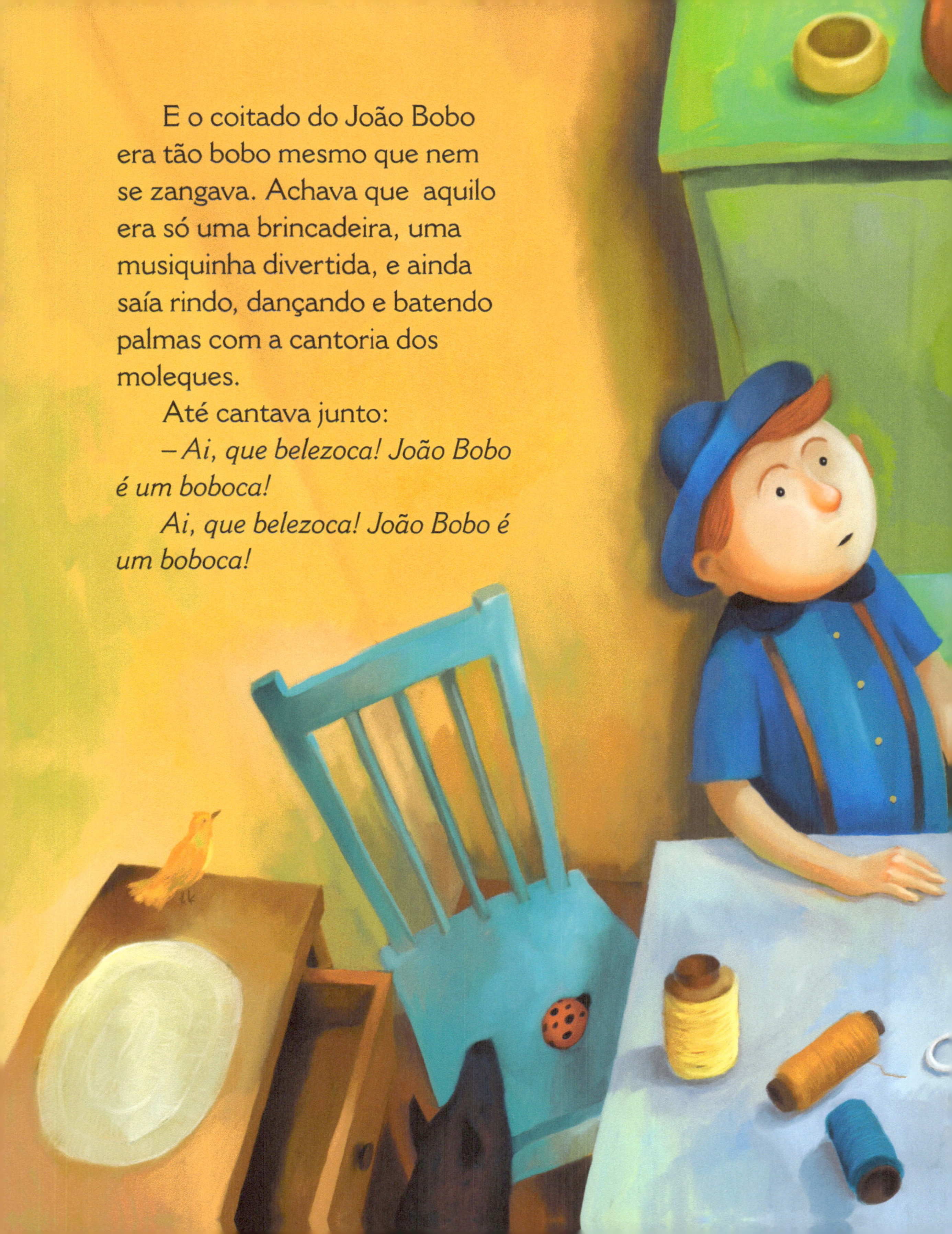

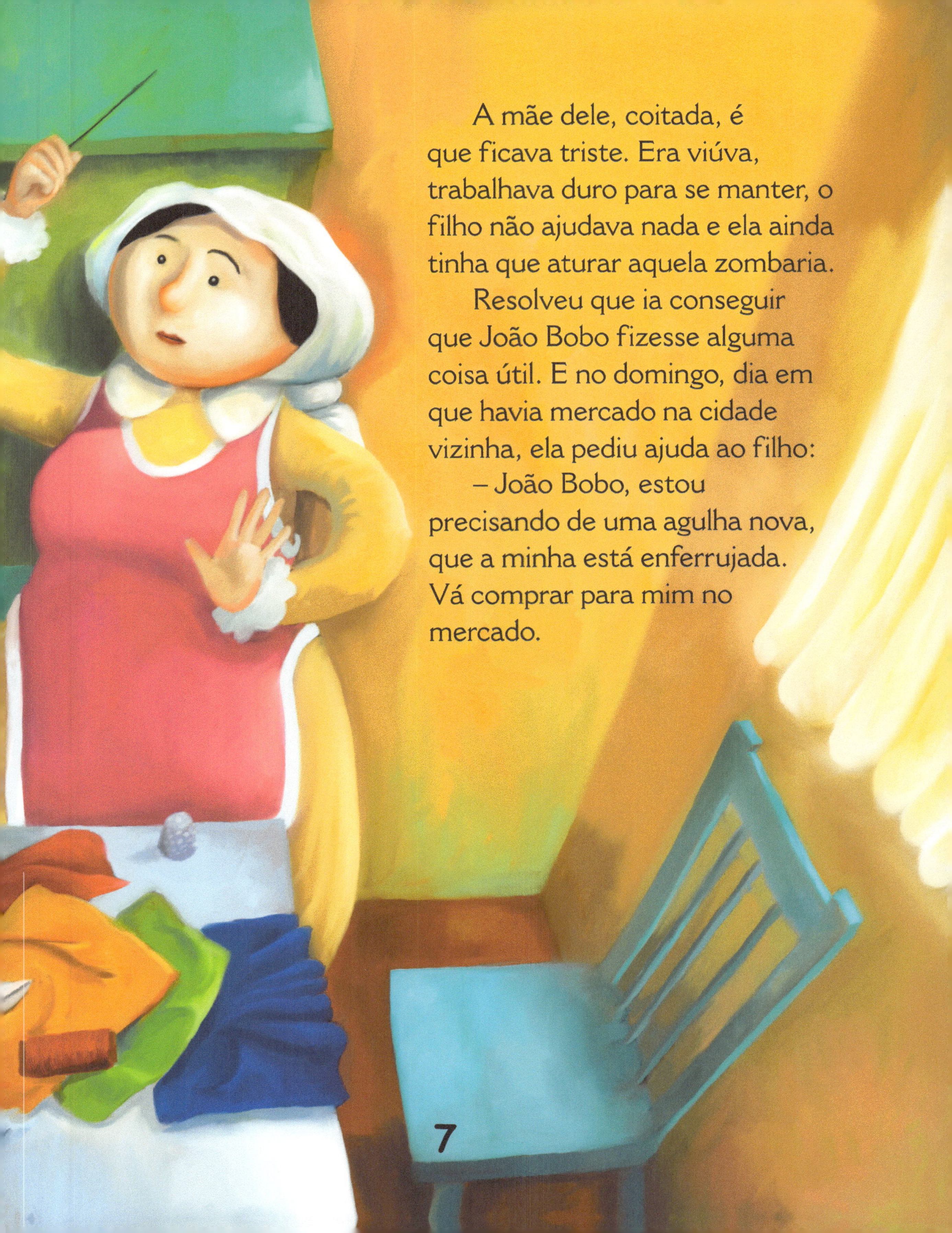

A mãe dele, coitada, é que ficava triste. Era viúva, trabalhava duro para se manter, o filho não ajudava nada e ela ainda tinha que aturar aquela zombaria.

Resolveu que ia conseguir que João Bobo fizesse alguma coisa útil. E no domingo, dia em que havia mercado na cidade vizinha, ela pediu ajuda ao filho:

– João Bobo, estou precisando de uma agulha nova, que a minha está enferrujada. Vá comprar para mim no mercado.

João Bobo foi. Adorou o mercado. Ficou um tempão ouvindo um papagaio tagarela num poleiro. Andou pelo meio das barracas, viu uma porção de coisas, se divertiu muito. Depois, comprou o que a mãe pediu e começou a voltar para casa.

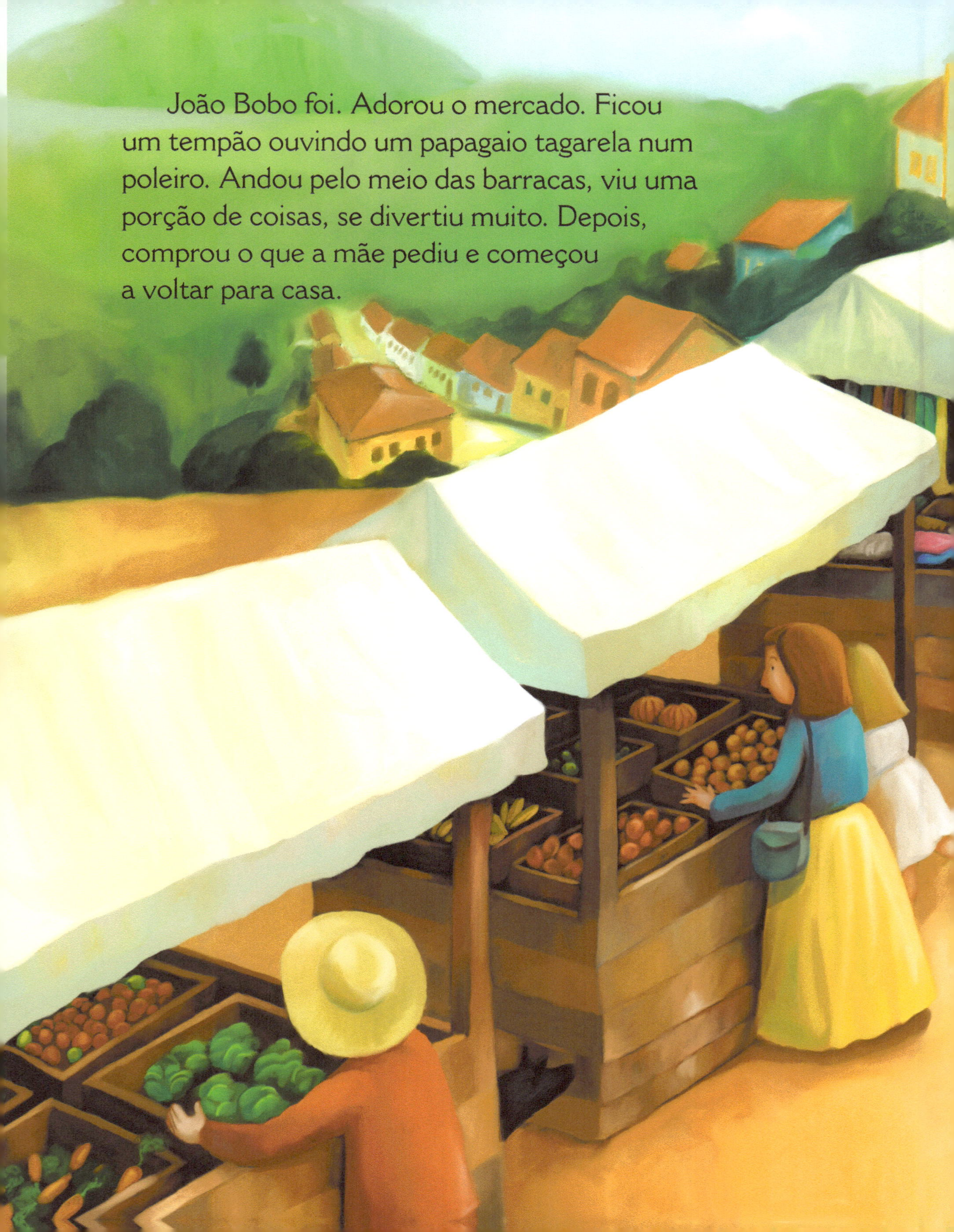

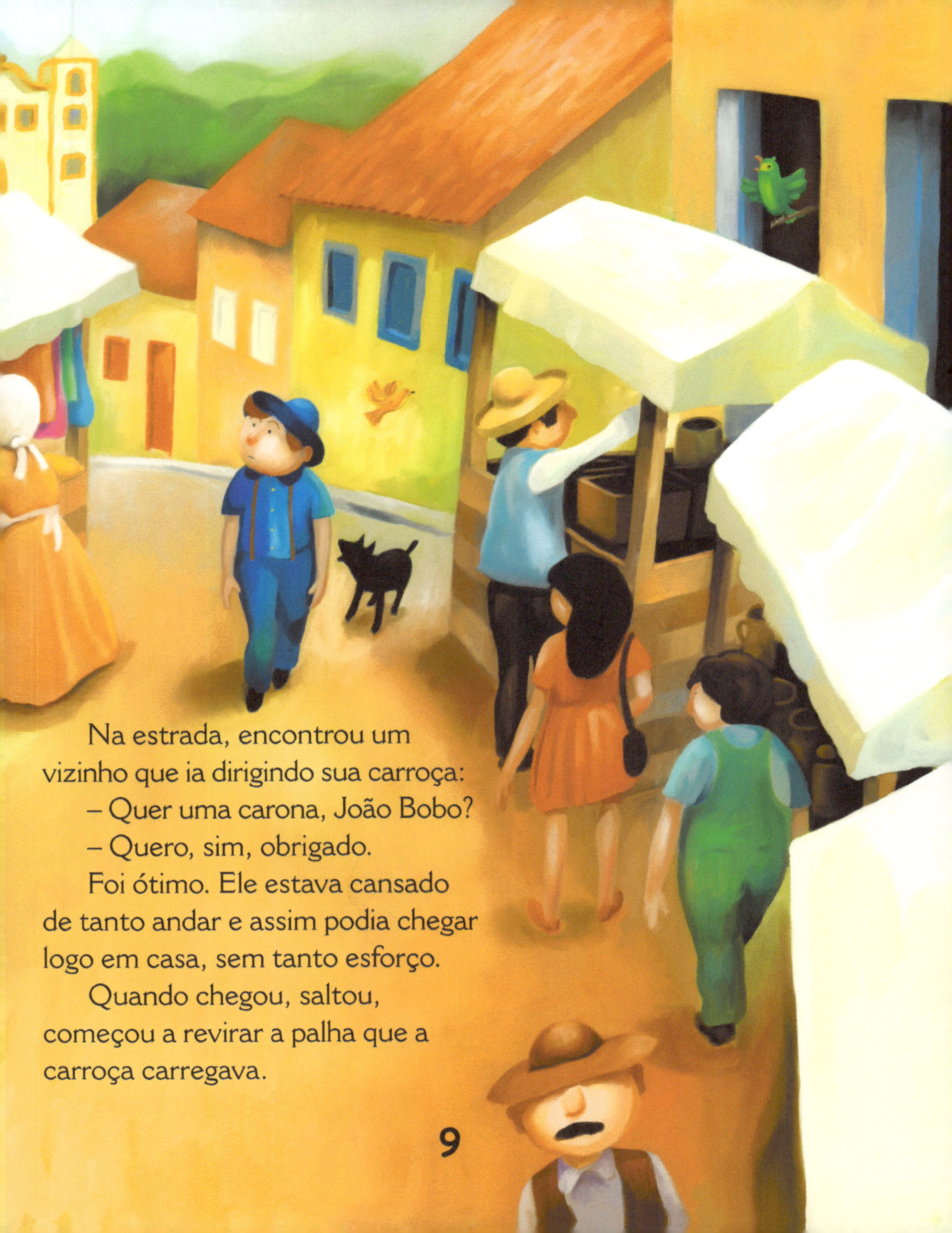

Na estrada, encontrou um vizinho que ia dirigindo sua carroça:

– Quer uma carona, João Bobo?

– Quero, sim, obrigado.

Foi ótimo. Ele estava cansado de tanto andar e assim podia chegar logo em casa, sem tanto esforço.

Quando chegou, saltou, começou a revirar a palha que a carroça carregava.

A mãe chegou à janela e perguntou:

– Tudo bem?

– Tudo bem, mãe, o mercado é muito divertido...

– E a agulha que eu mandei você comprar?

– Está aqui, num instante eu acho. Botei ela deitadinha do meu lado para descansar na viagem...

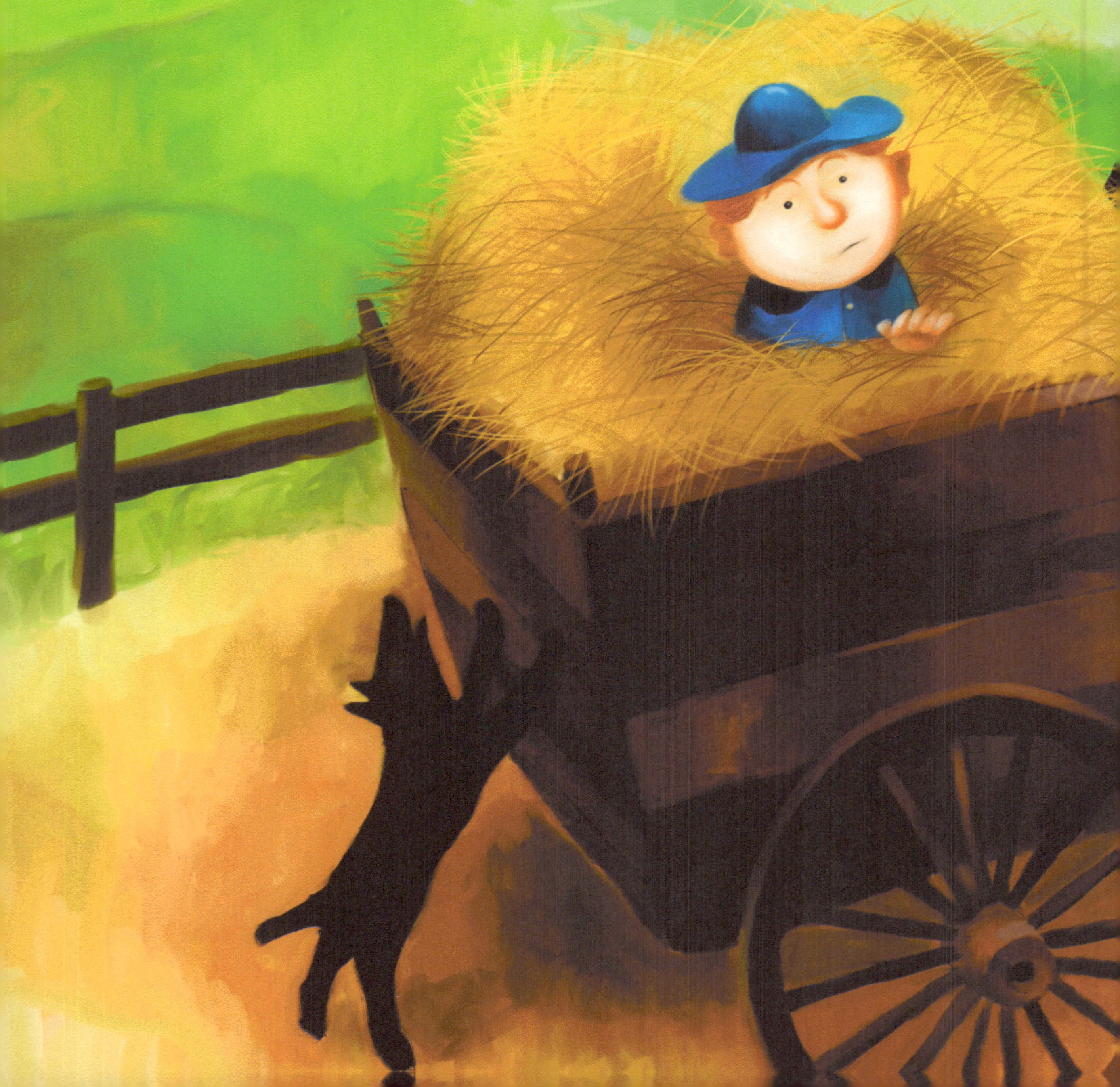

– Você guardou a agulha no palheiro, João Bobo?

– Estava bom pra mim, achei que ia ser bom pra ela...

A mãe suspirou. Sabia que não adiantava procurar, não iam achar nunca. Despediu-se do vizinho, passou um braço por cima do ombro de João Bobo e entrou em casa aconselhando:

– Meu filho, não é assim que se faz. Você devia ter espetado a agulha bem firme no seu chapéu...

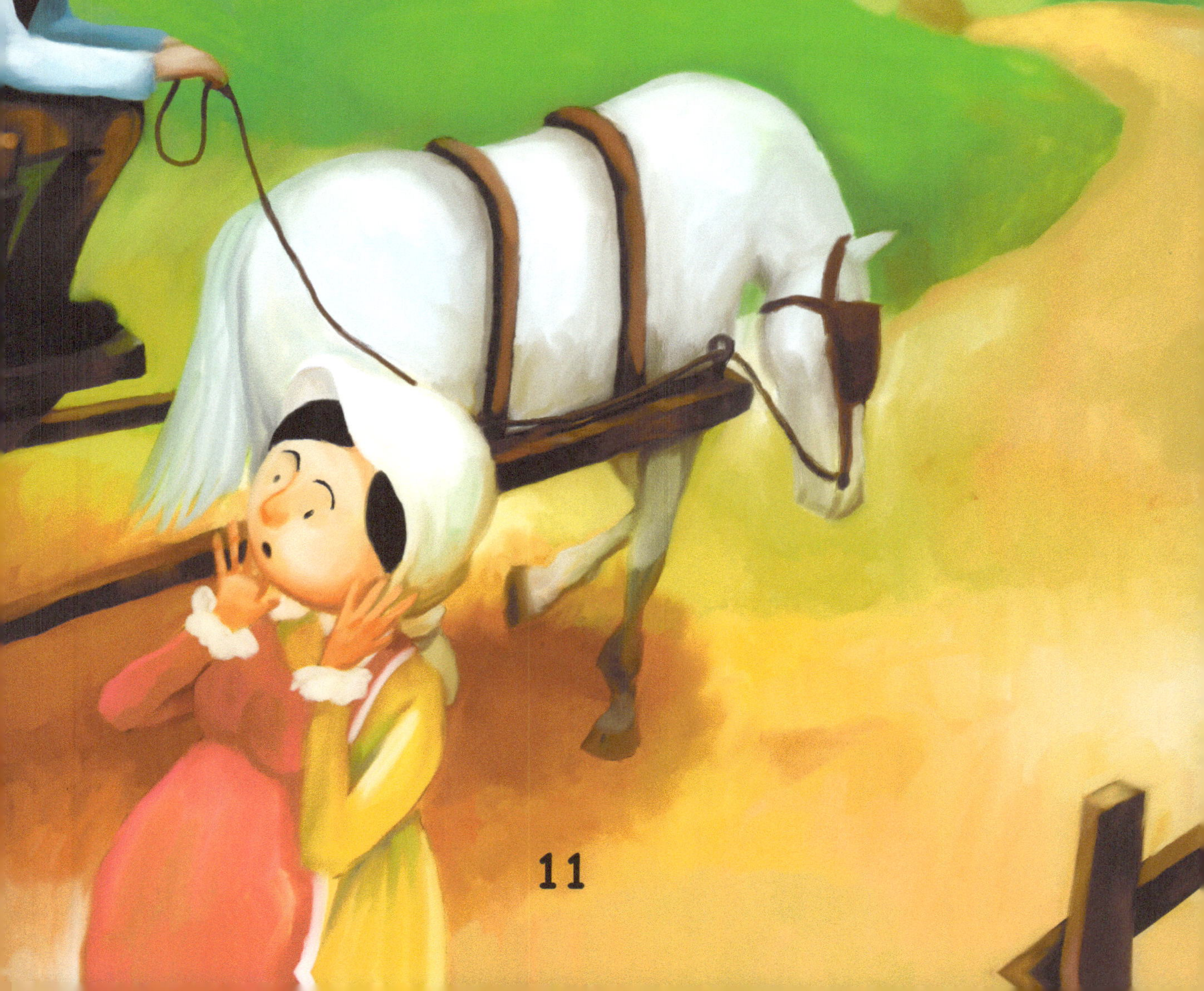

João Bobo prestou atenção, aprendeu e prometeu:

– Está bem, mãe, de outra vez eu faço isso.

Ela se ajeitou como podia. Esfregou a agulha velha numa pedra para tirar a ferrugem e se esqueceu do caso.

No domingo de manhã, quis fazer um bolo e descobriu que faltava alguma coisa.

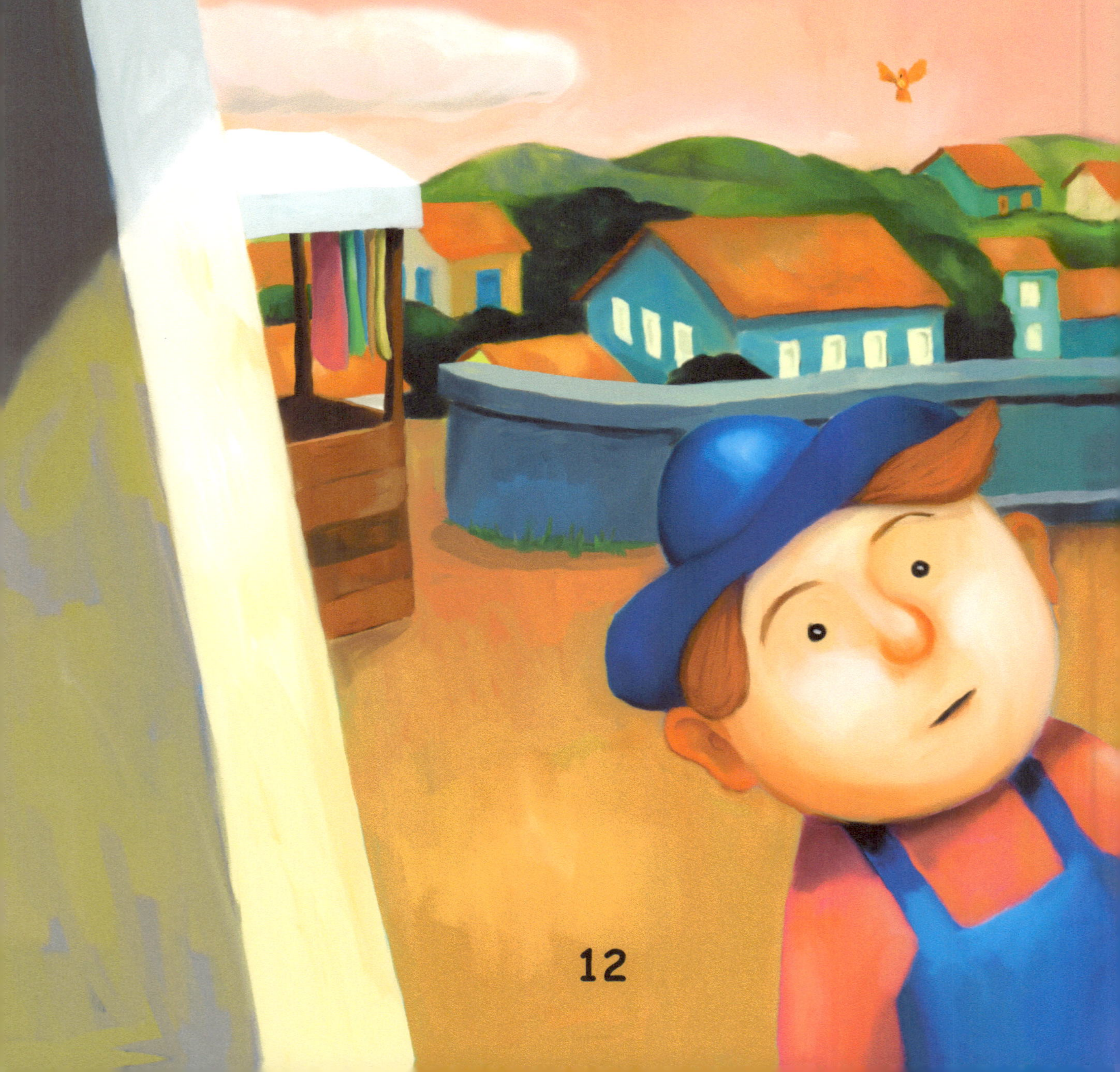

– João Bobo, estou precisando de manteiga. Vá comprar pra mim no mercado.

João Bobo foi. Logo que chegou, foi levar umas sementes de abóbora para o papagaio no poleiro. Andou pelo meio das barracas, viu uma porção de coisas, se divertiu muito. Depois, comprou o que a mãe pediu e começou a voltar para casa.

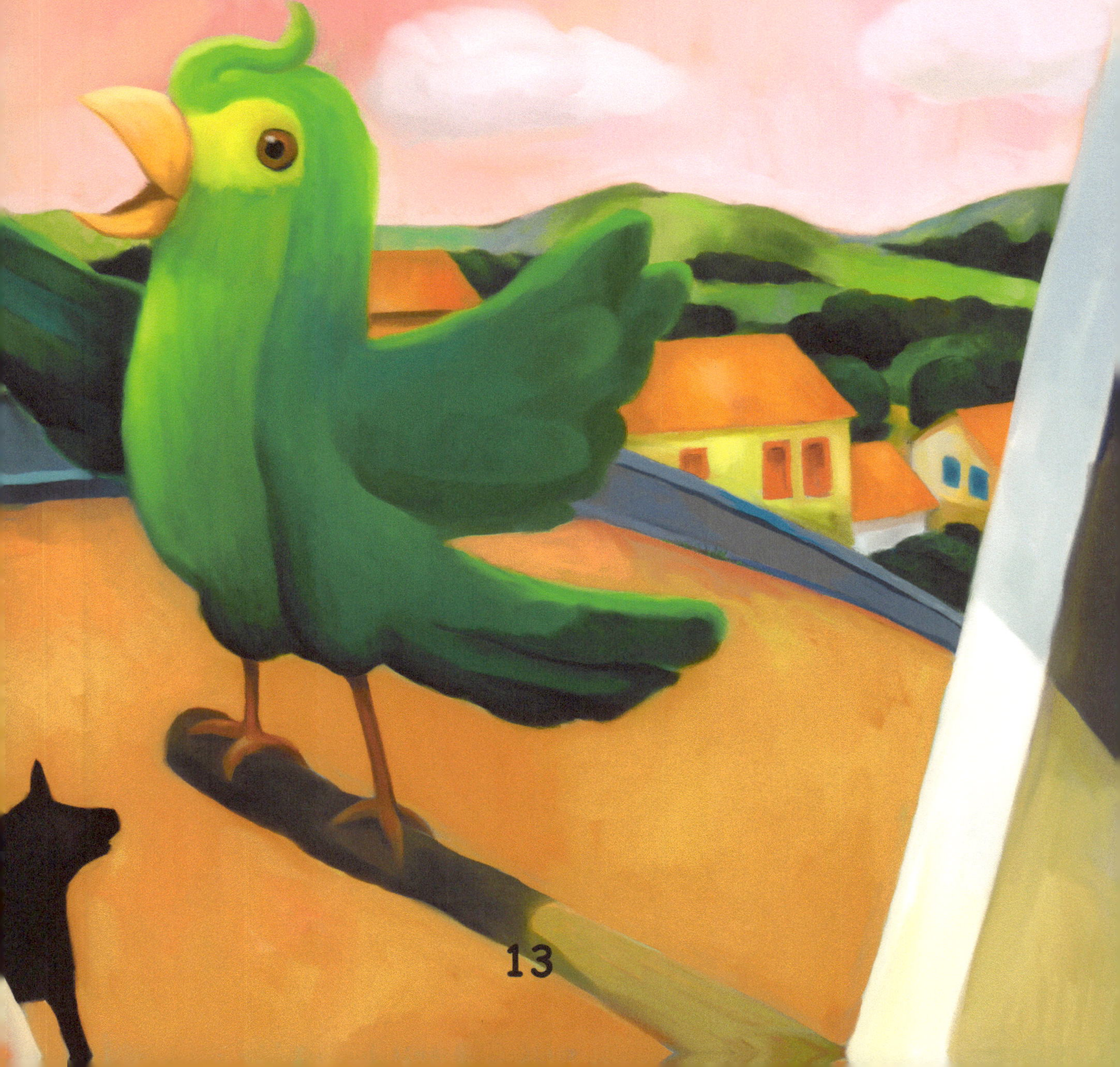

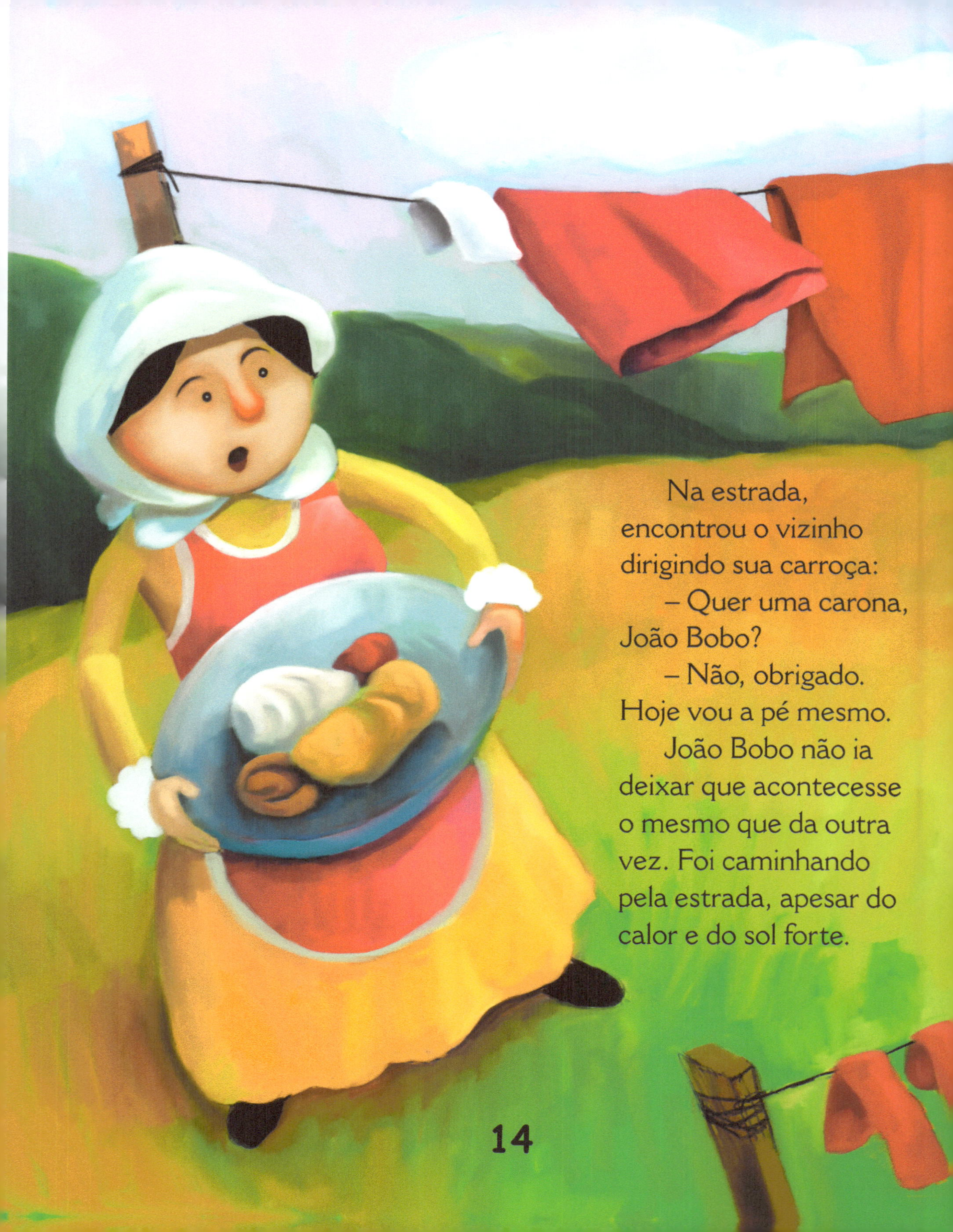

Na estrada, encontrou o vizinho dirigindo sua carroça:

– Quer uma carona, João Bobo?

– Não, obrigado. Hoje vou a pé mesmo.

João Bobo não ia deixar que acontecesse o mesmo que da outra vez. Foi caminhando pela estrada, apesar do calor e do sol forte.

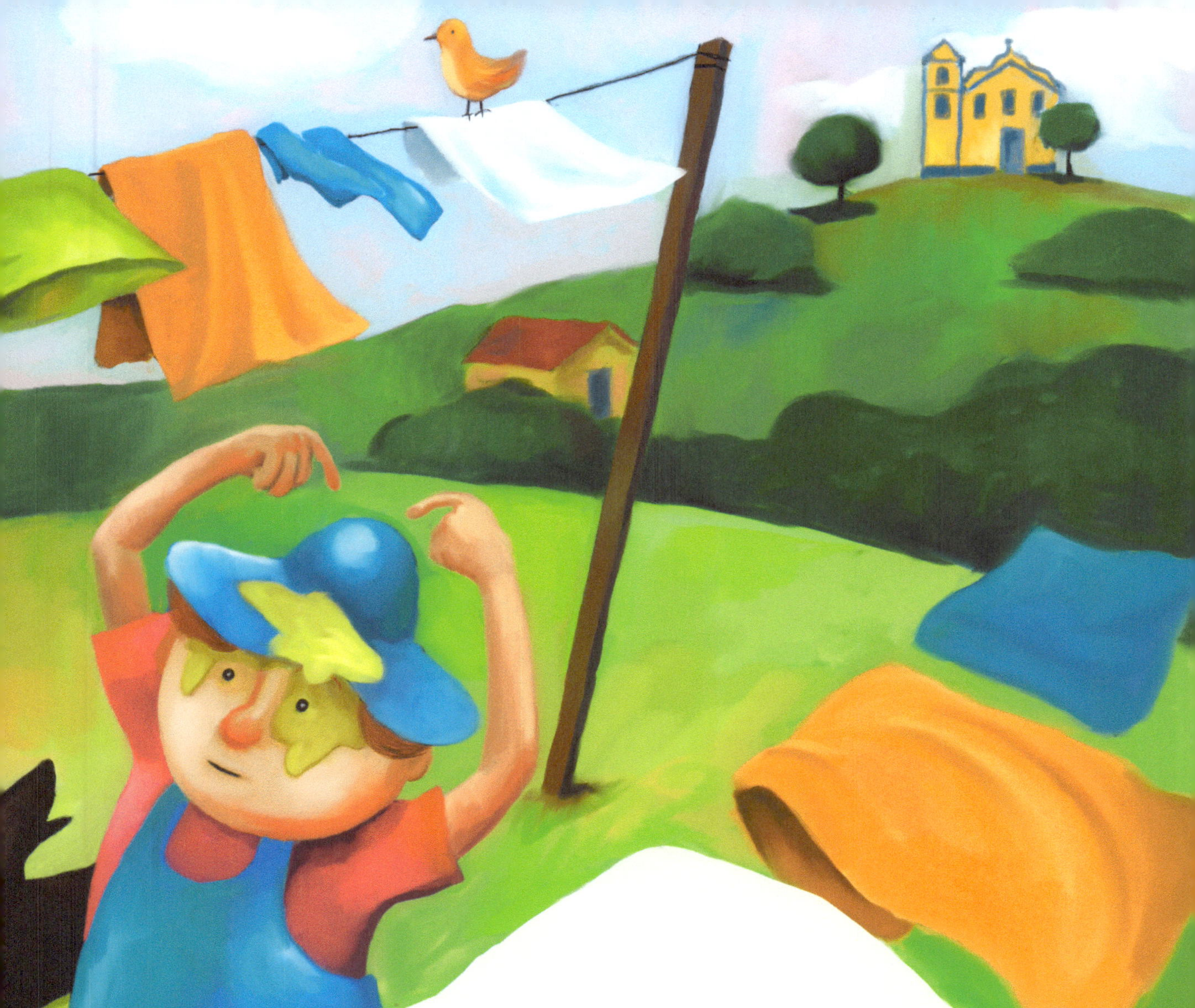

Quando se aproximou de casa,
a mãe estava no quintal e levou um susto:

– O que houve, João Bobo? Você está passando mal? Suando dessa maneira...

– Tudo bem, mãe, é só o calor.

– E a manteiga que eu mandei você comprar?

– Desta vez, fiz certo. Está aqui, bem presinha no chapéu.

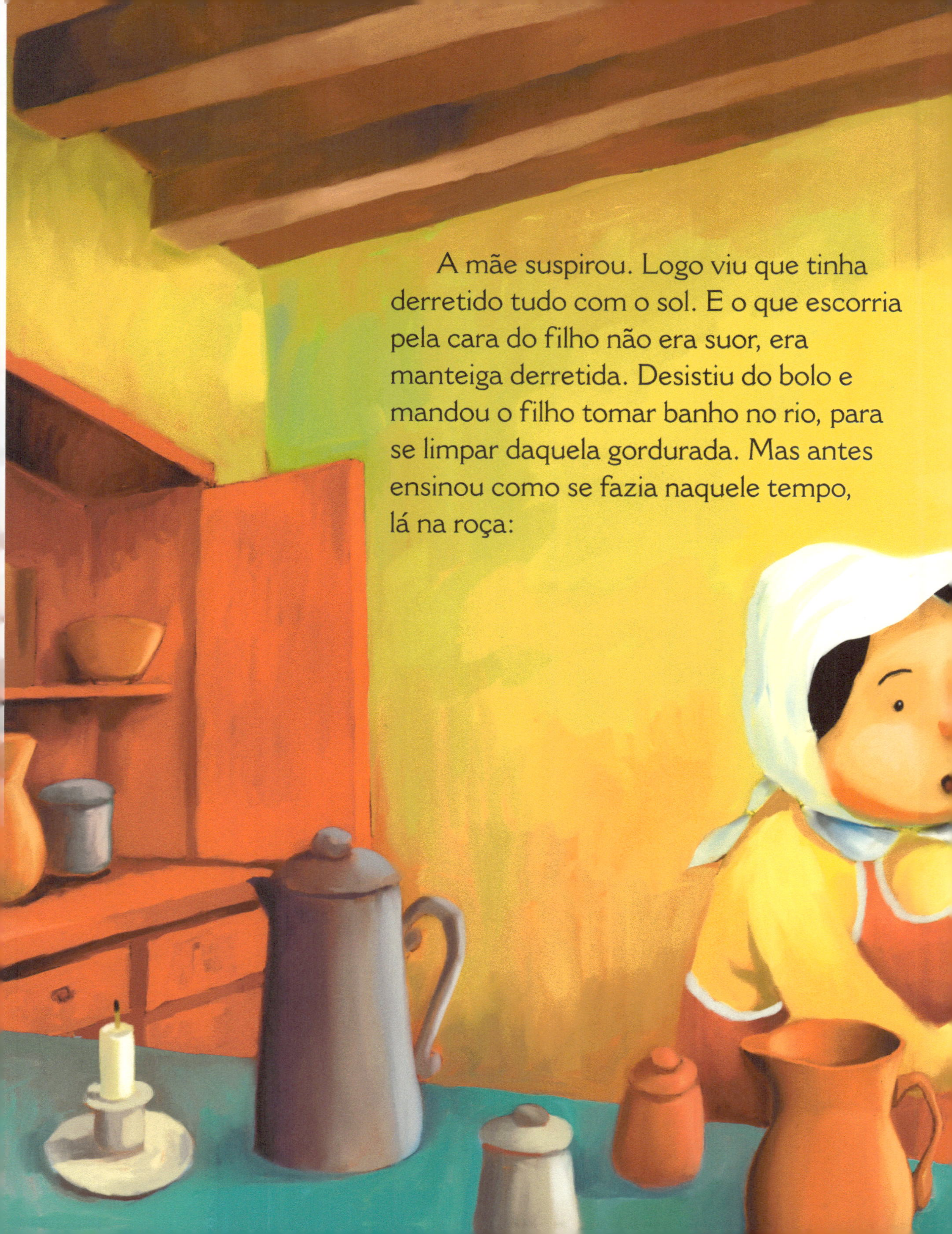

A mãe suspirou. Logo viu que tinha derretido tudo com o sol. E o que escorria pela cara do filho não era suor, era manteiga derretida. Desistiu do bolo e mandou o filho tomar banho no rio, para se limpar daquela gordurada. Mas antes ensinou como se fazia naquele tempo, lá na roça:

– João Bobo, não é assim que se carrega manteiga. A gente põe dentro de uma tigela e depois bota por cima uma folha de couve para fazer sombra e ela ficar fresquinha. Depois, é só trazer nas mãos com cuidado.

João Bobo prestou atenção, aprendeu e prometeu:

– Está bem, mãe, de outra vez eu faço isso.

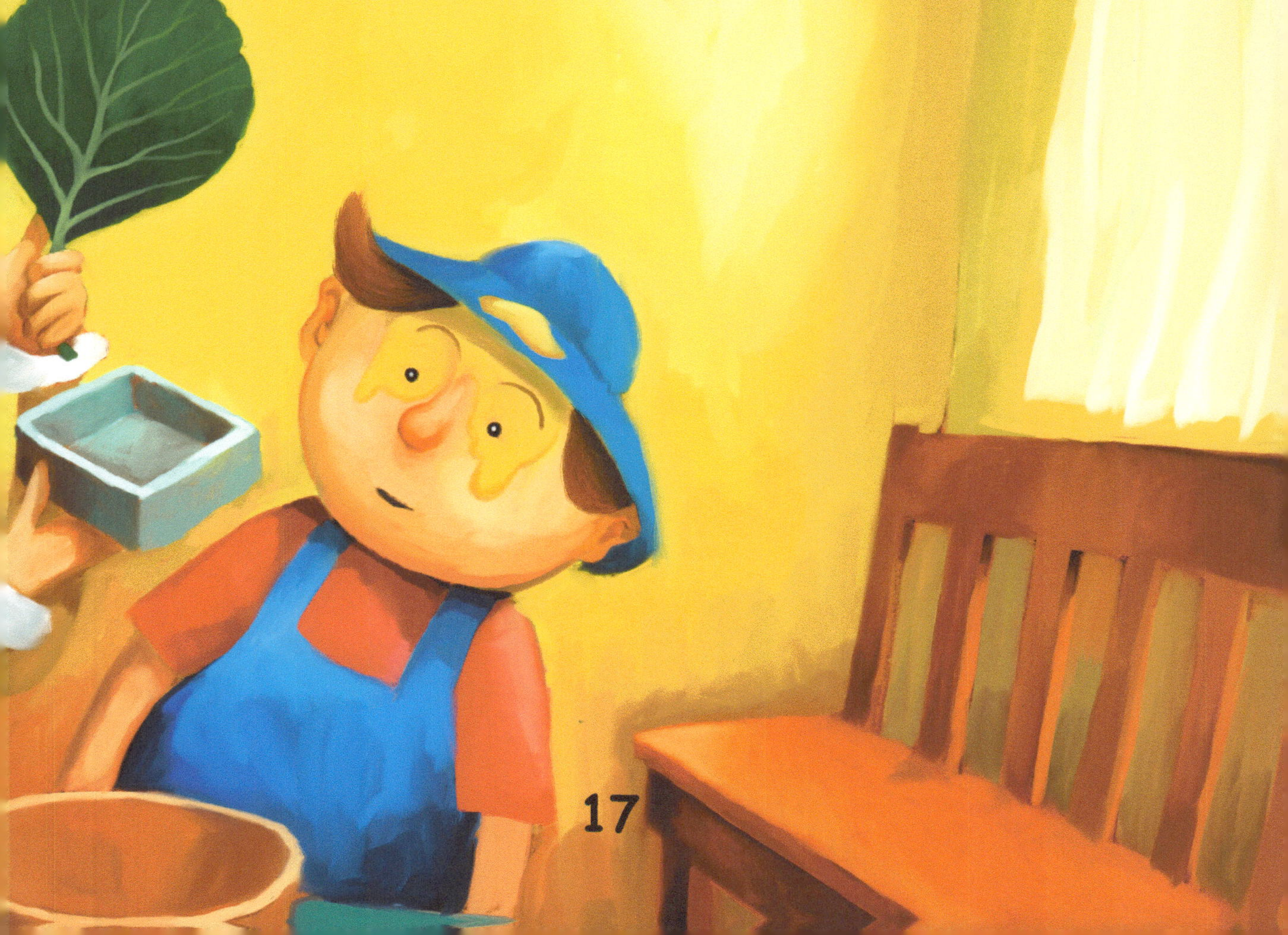

No domingo seguinte, a mãe de João Bobo lembrou que já estava chegando o aniversário dele, e ela podia fazer uma festa, chamar uns amigos para um almoço no capricho, com um leitão assado e boas sobremesas. Separou o dinheirinho de suas economias e pediu:

– João Bobo, quero que você vá ao mercado comprar um porco.

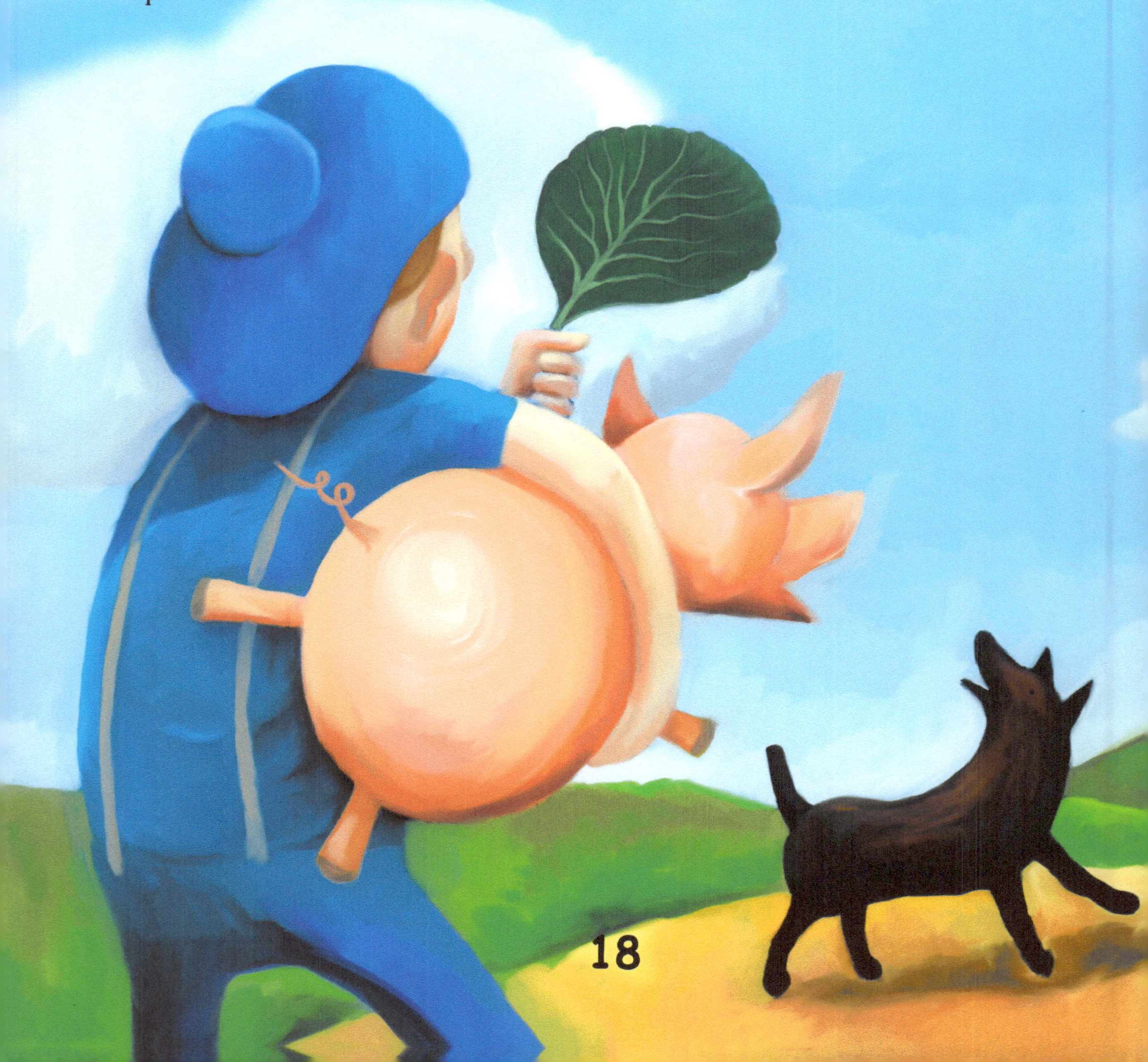

João Bobo foi. Levou um pedaço de mamão para o papagaio, mas nem se divertiu muito, preocupado em não fazer bobagem. Comprou o porco e veio para casa, direto e com pressa.

Chegou quase desmaiando de cansado.

– João Bobo, que foi isso? – perguntou a mãe, saindo ao seu encontro na estrada, assustada com o berreiro do porco que ele segurava no colo e se debatia sem parar.

– Nada, mãe. Trouxe o porco. Difícil foi segurar a folhinha de couve no alto da cabeça dele.

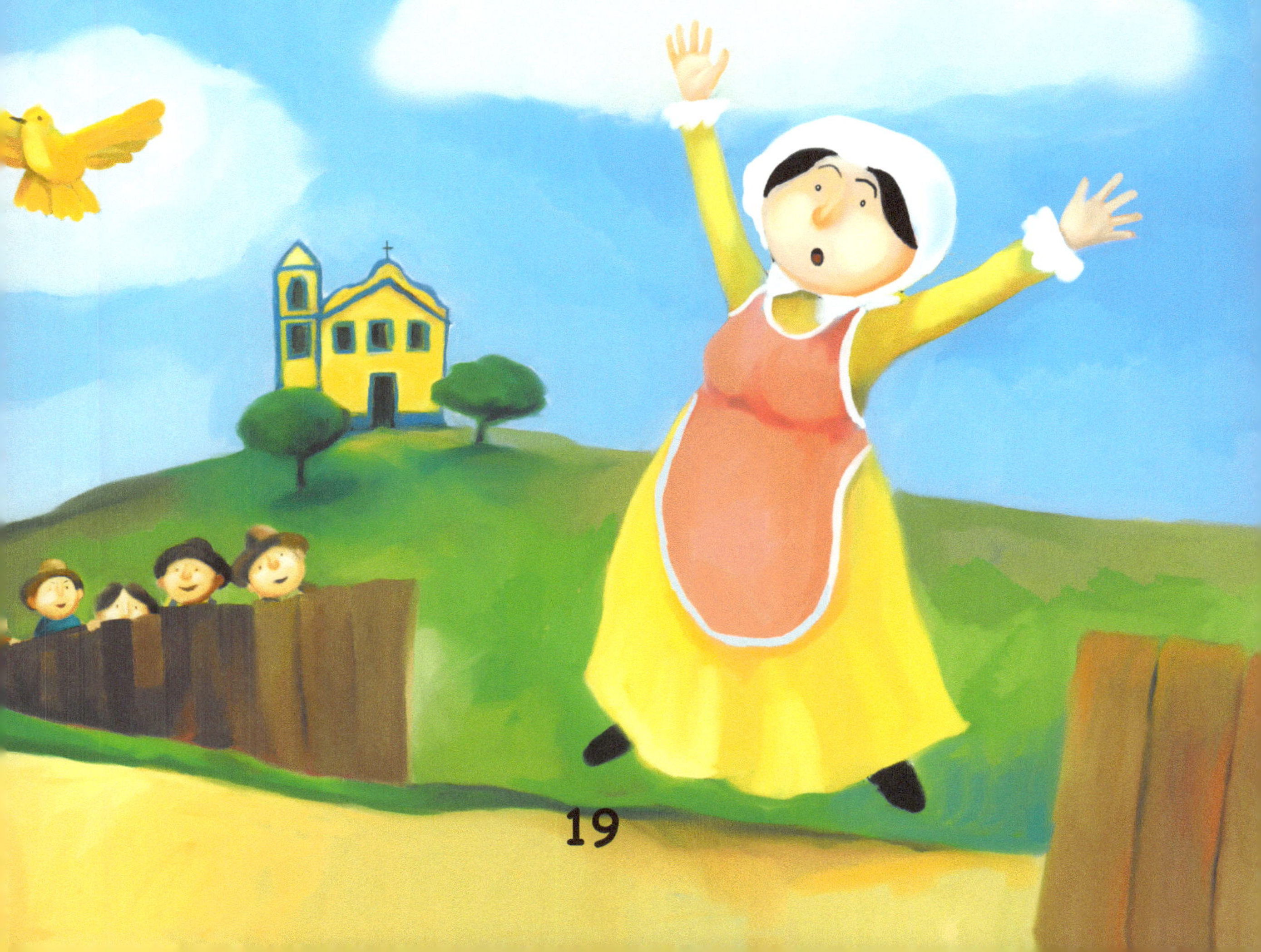

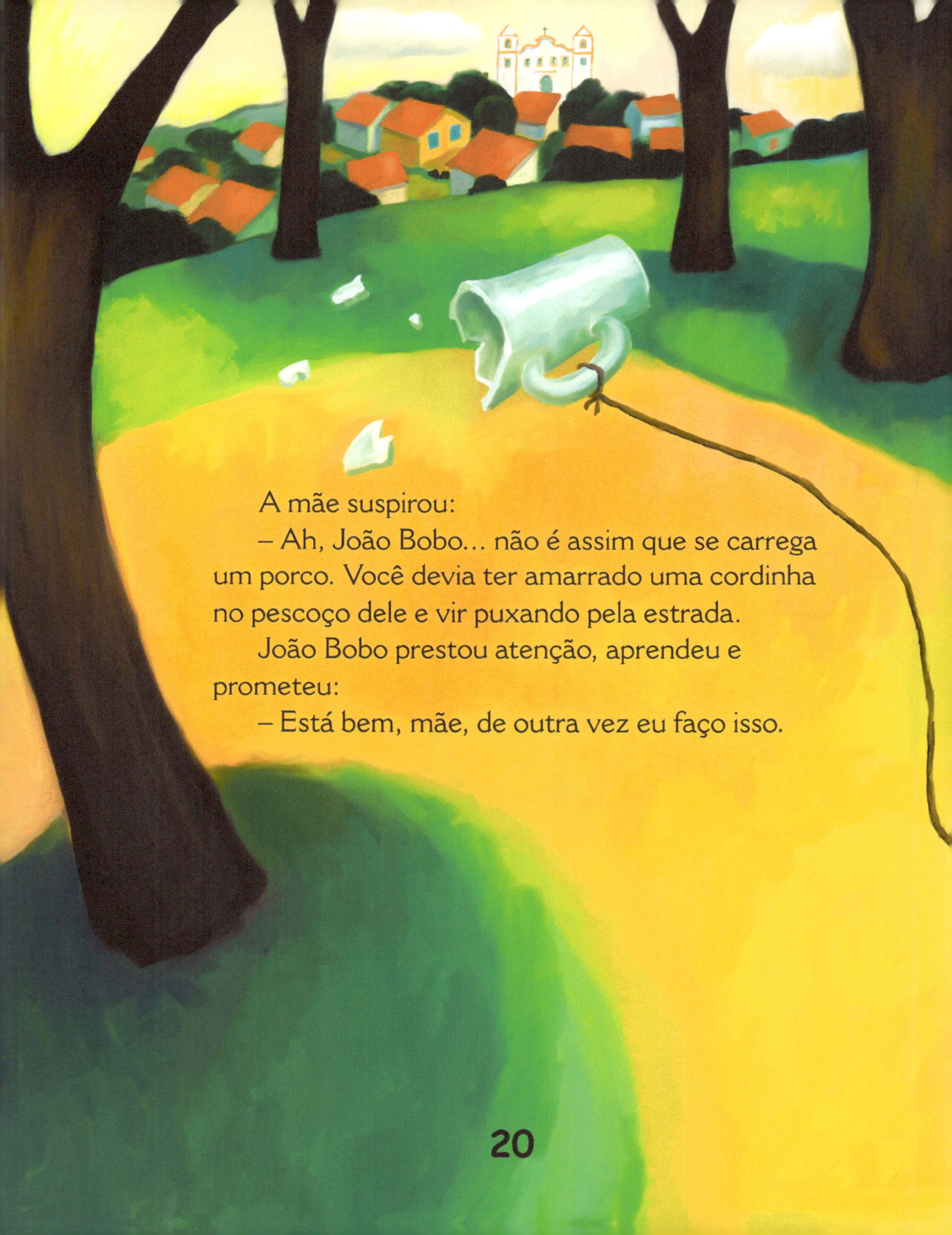

A mãe suspirou:

– Ah, João Bobo... não é assim que se carrega um porco. Você devia ter amarrado uma cordinha no pescoço dele e vir puxando pela estrada.

João Bobo prestou atenção, aprendeu e prometeu:

– Está bem, mãe, de outra vez eu faço isso.

Pois foi isso mesmo que João Bobo fez na semana seguinte. Só que dessa vez a mãe tinha mandado comprar dois litros de leite, e tinha até dado a ele uma jarra para trazer.

João Bobo foi ao mercado, levou comida para o papagaio e comprou o leite.

E, como amarrou uma corda na asinha da jarra e veio puxando pelo caminho, chegou sem leite. Porque, é claro, a jarra quebrou e o leite derramou.

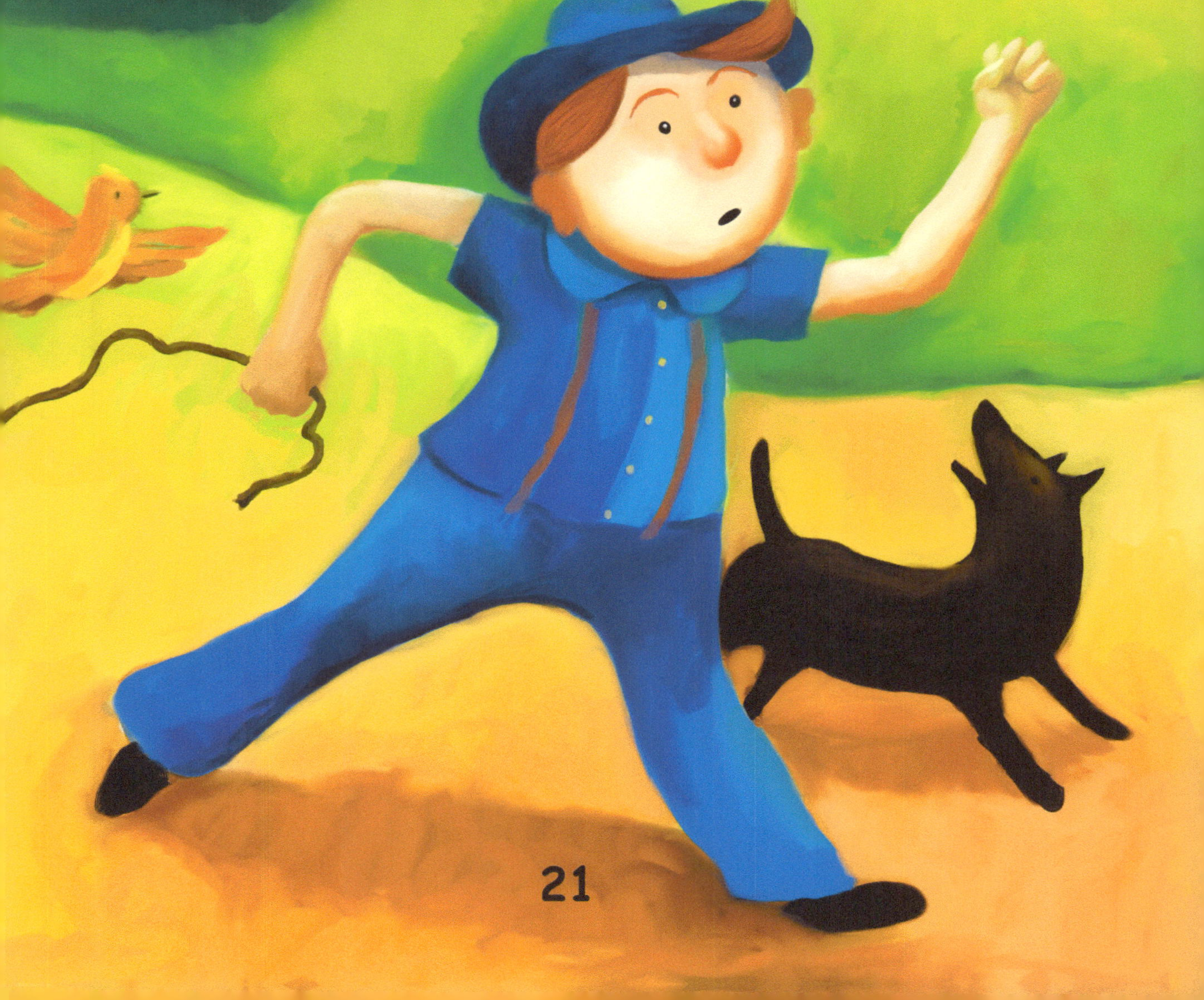

E o coitado do João Bobo ainda entrou na aldeia no meio do coro da molecada:

– Ai, que belezoca! João Bobo é um boboca!

Ai, que belezoca! João Bobo é um boboca!

A essa altura a mãe já não tinha mais a menor paciência. Nem suspirou e abraçou, foi logo dando uma bronca:

– Não é possível! Você não tem jeito mesmo! Não serve nem para equilibrar uma jarra de leite na cabeça!

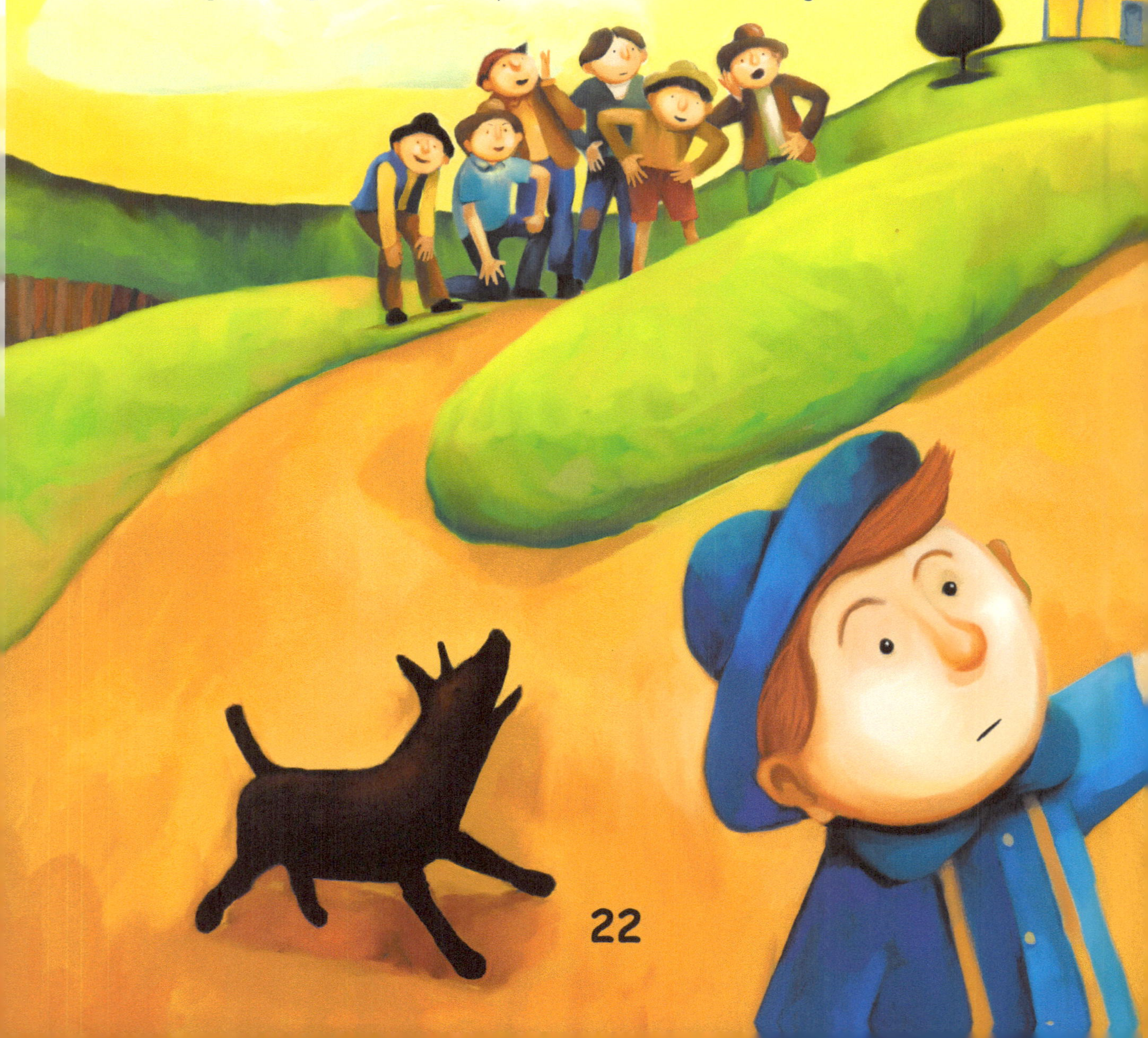

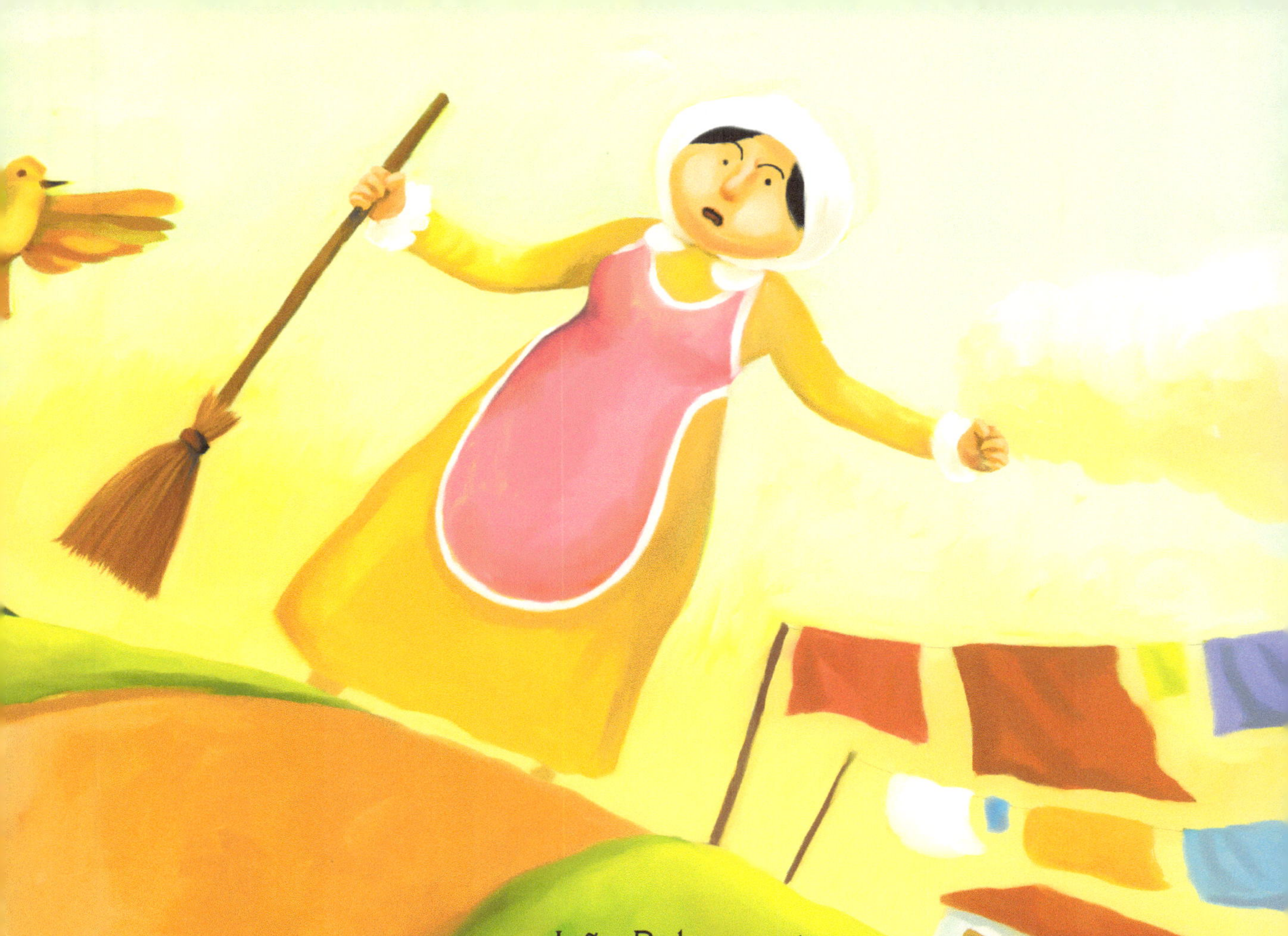

João Bobo prestou atenção, aprendeu e prometeu:

– Está bem, mãe, de outra vez eu faço isso.

Mas ela não queria conversa:

– Aprende nada! Não vai aprender nunca! Nunca mais te mando ao mercado!

Mas, quando chegou o domingo, João Bobo estava louco para ver o papagaio, de quem tinha ficado amigo. Tanto pediu, tanto pediu, que a mãe acabou deixando ele ir, mas não encomendou nada.

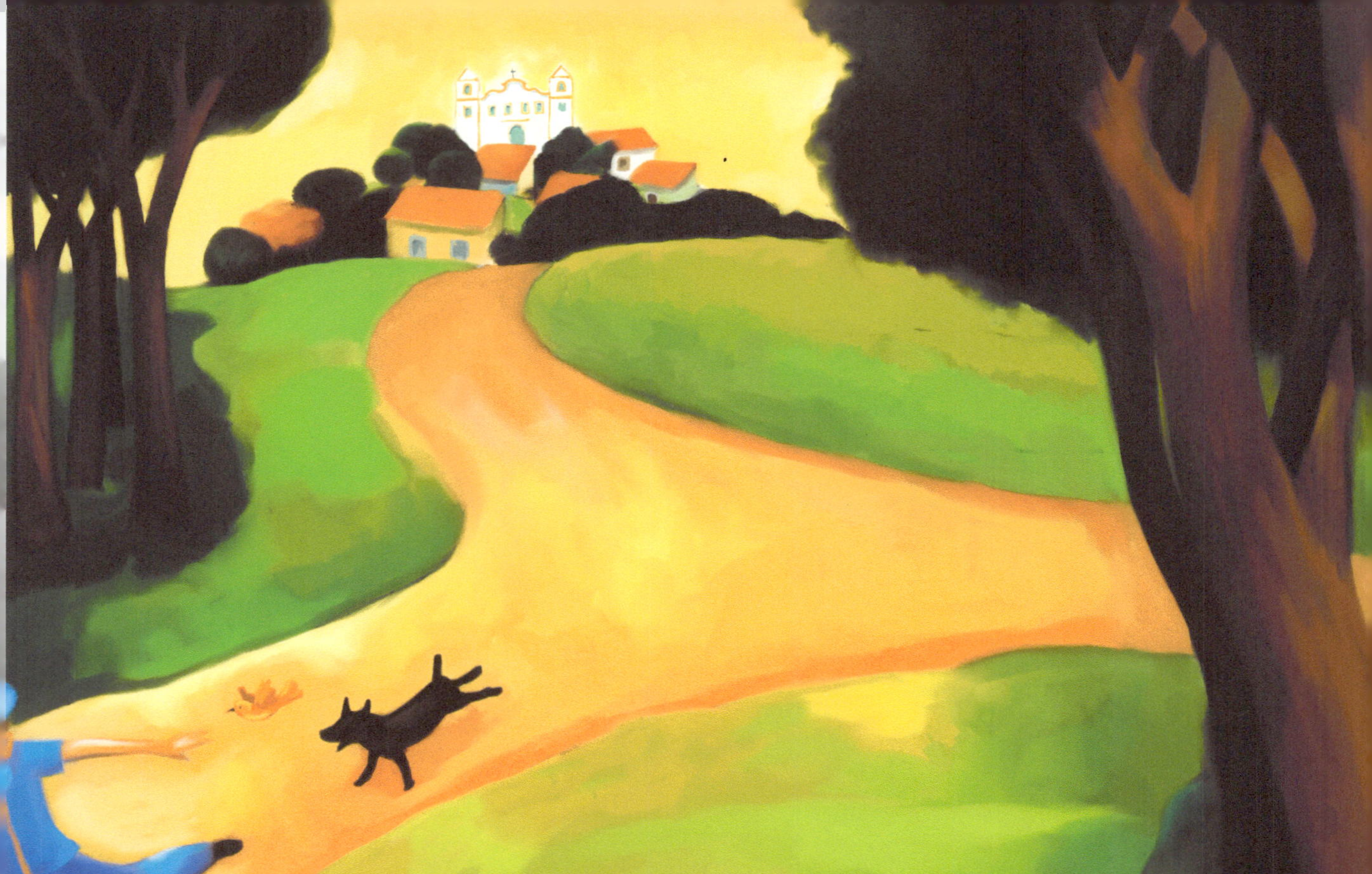

Só que, quando João Bobo ia saindo, encontrou uma vizinha. Quando ela soube que ele ia até a cidade, aproveitou e pediu que trouxesse uma galinha para ela.

João Bobo foi. Logo que chegou ao mercado, foi levar uma banana para o papagaio no poleiro. O dono do bicho bem que gostou. Afinal, era um papagaio tagarela demais, barulhento e comilão, que ninguém comprava, e já estava dando prejuízo de tanto que comia. Resolveu dar o animal para João Bobo, que saiu todo contente.

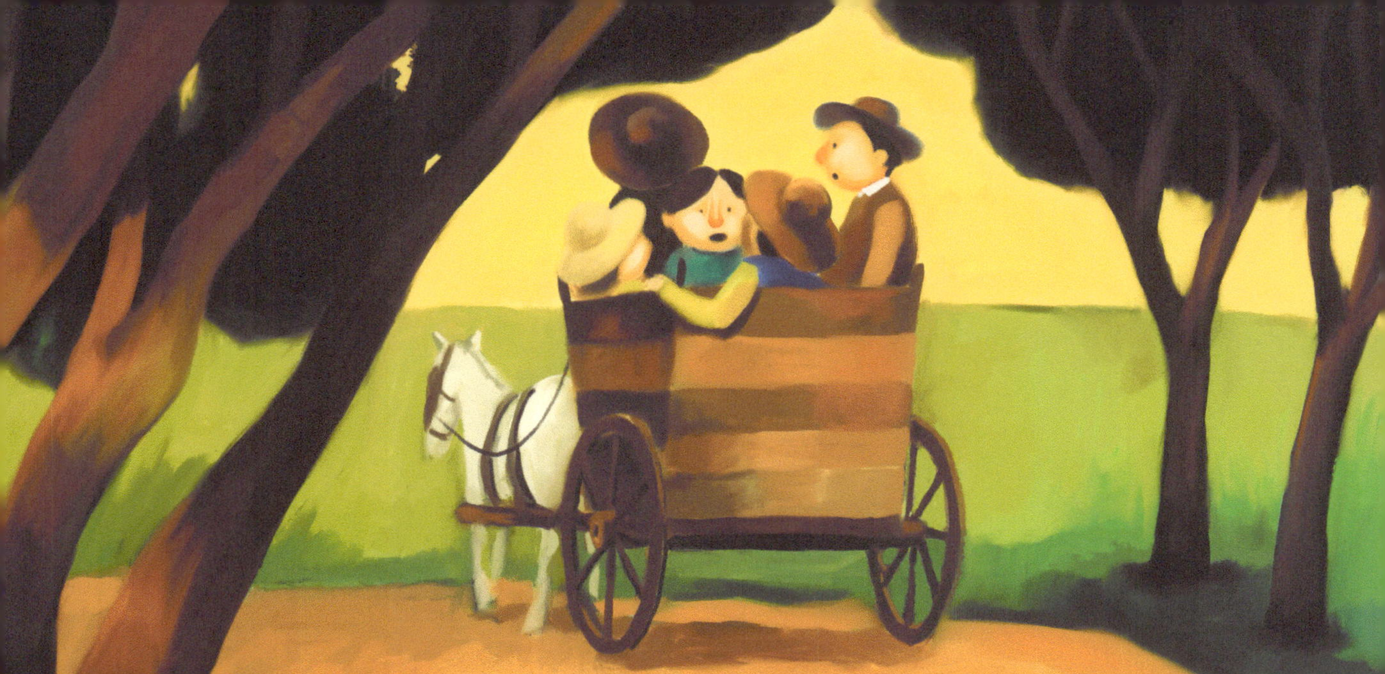

Andou pelo meio das barracas, viu uma porção de coisas, se divertiu muito. Depois, comprou o que a vizinha pediu e começou a voltar para casa.

Na estrada, viu lá longe o vizinho carroceiro, se aproximando e dando carona para toda a molecada da aldeia. Dava até para ouvir a musiquinha que eles cantavam.

– Ai, que belezoca! João Bobo é um boboca!

Ai, que belezoca! João Bobo é um boboca!

Como João Bobo não queria confusão, achou melhor sair da estrada e se esconder. Viu um caminhozinho que se desviava para o lado e entrou por ele.

O caminho ia dar na maior fazenda da região, passando bem em frente da casa.

Uma casa maravilhosa, com jardins, escadarias, janelas de vidros coloridos, varanda de grades desenhadas. E na varanda estava sempre a filha do fazendeiro.

Era uma moça linda, linda, mas que tinha uma doença muito estranha – não ria nunca. O pai já tinha chamado todos os médicos, levado a todos os hospitais, mas não tinha jeito.

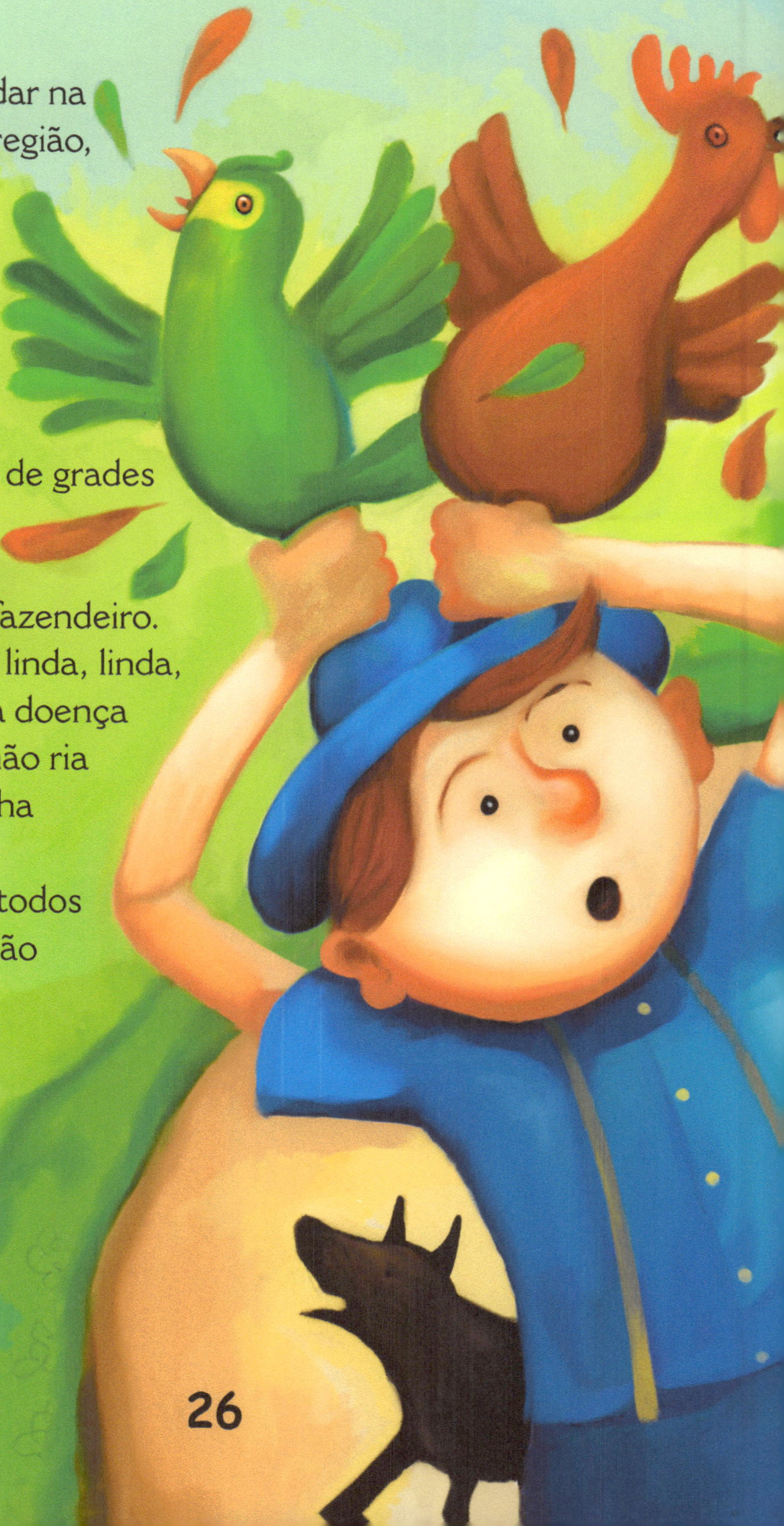

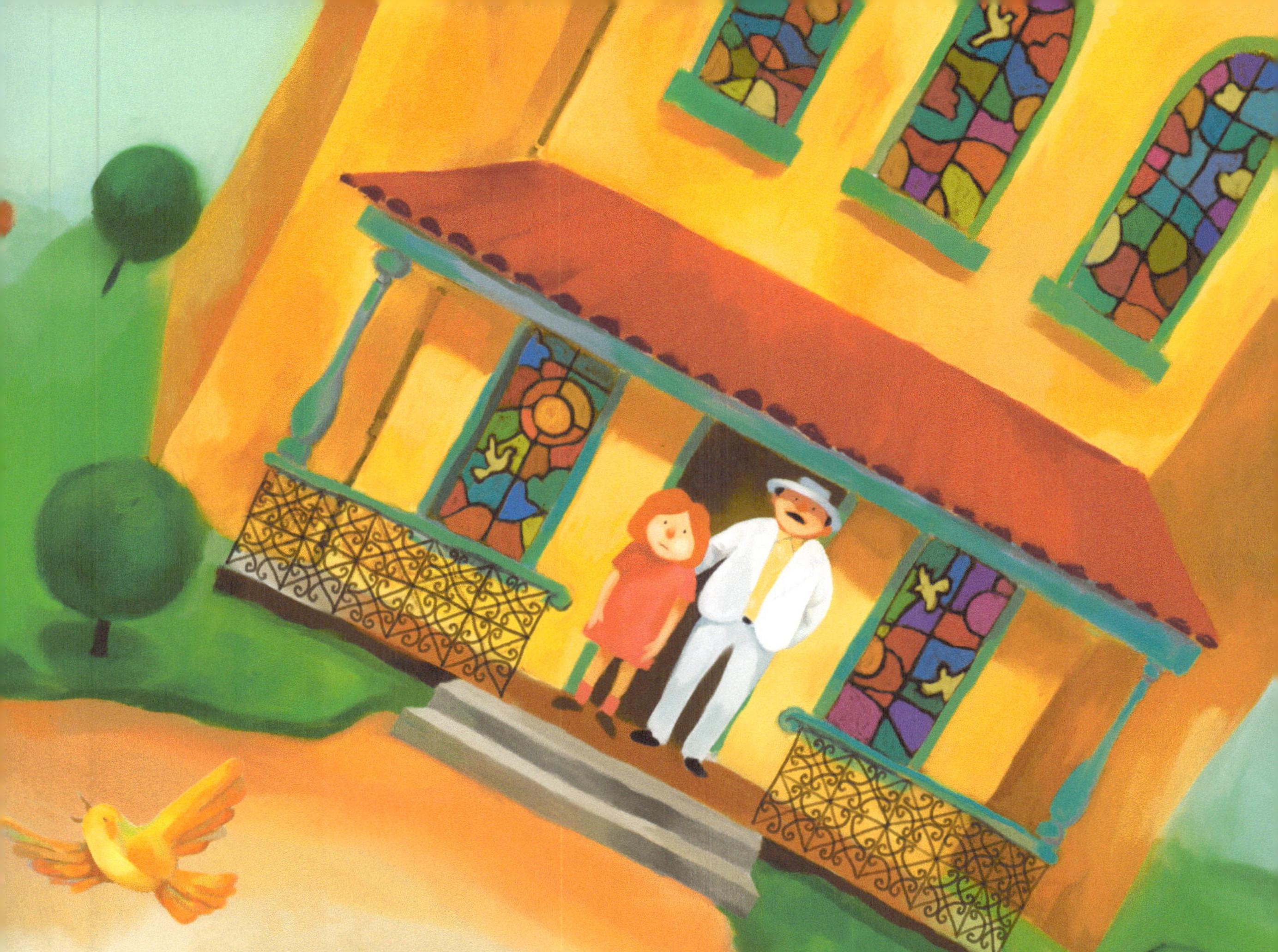

Aflito, louco para ver a filha alegre e feliz, ele prometera que o rapaz que conseguisse fazer a moça rir casava com ela e ficava sendo dono da fazenda.

Pois, nesse dia, a moça estava na varanda e viu João Bobo passar. Com uma galinha e um papagaio na cabeça, no meio de uma mistura de cacarejos e currupacos, cantando e dançando sua musiquinha:

– Ai, que belezoca! João Bobo é um boboca!
Ai, que belezoca! João Bobo é um boboca!

Ela não aguentou e caiu na gargalhada. Ria sem parar. E, do lado dela, o pai e a mãe batiam palmas e riam também. A filha estava curada!

O fazendeiro cumpriu a promessa. A moça casou com João Bobo, que ficou sendo o dono da fazenda, e trouxe a mãe para morar numa casinha perto deles, com tudo do bem-bom. Tiveram um monte de filhos – todos espertos – e viveram muito felizes.

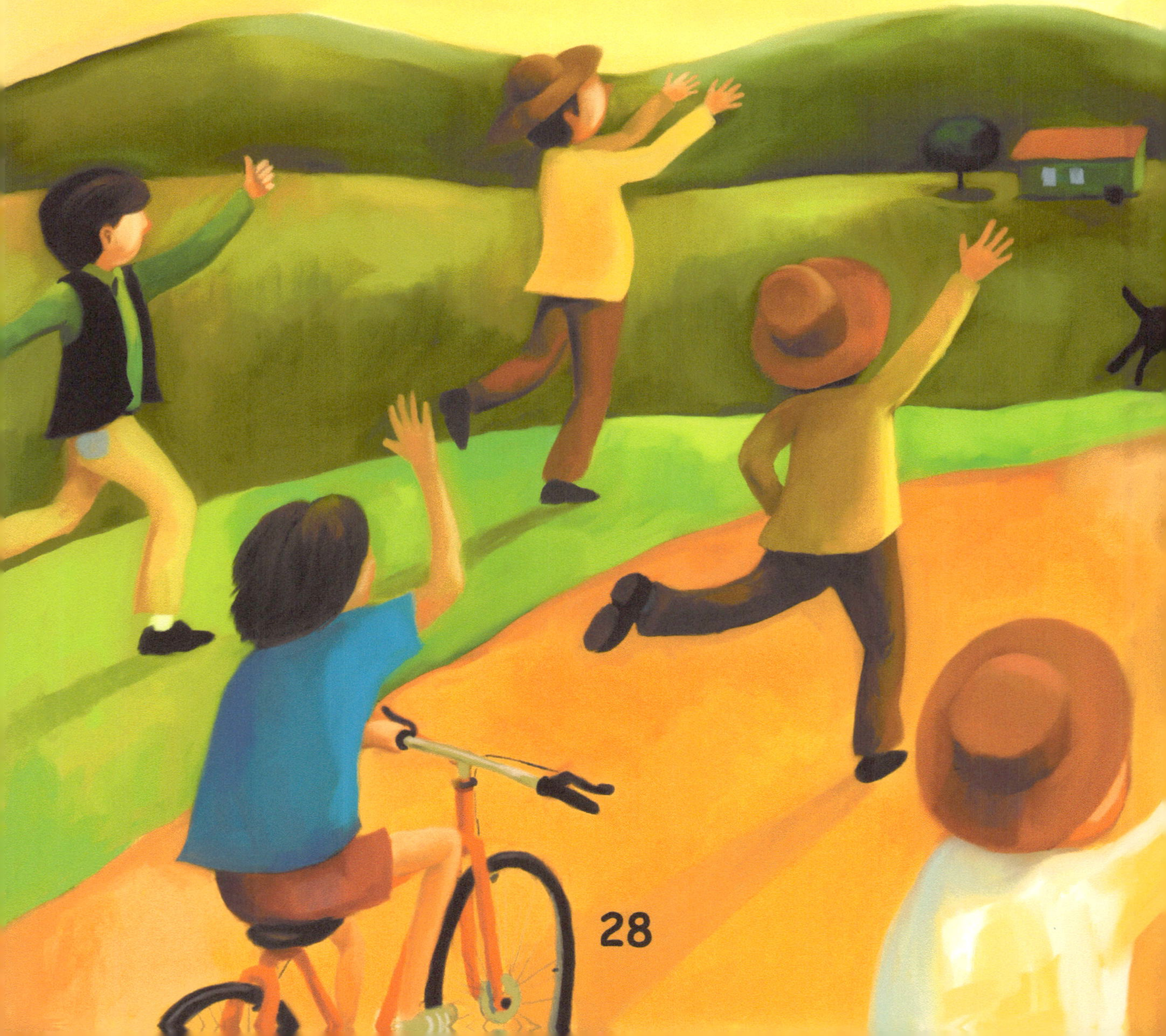

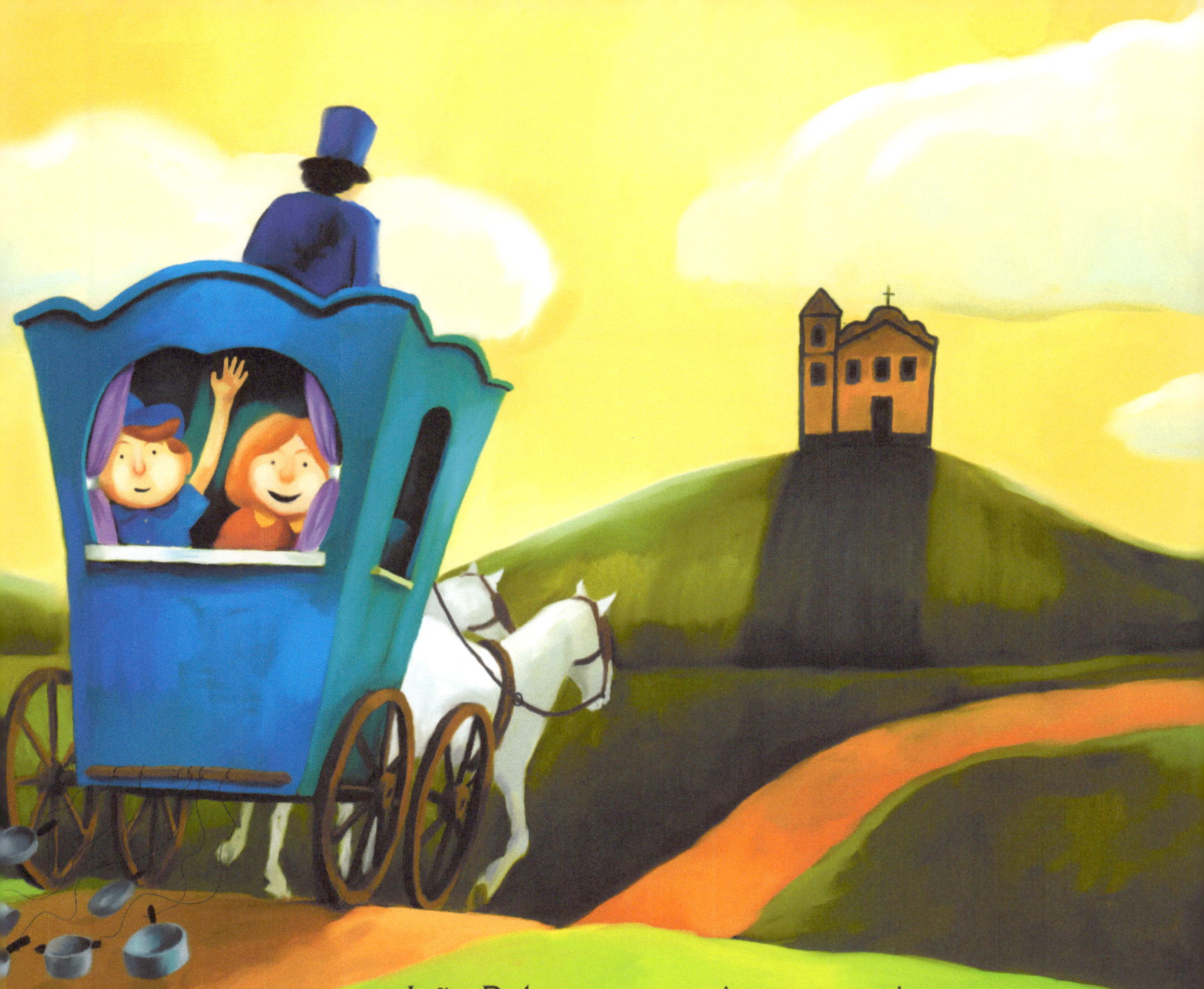

João Bobo nunca mais teve que ir ao mercado sozinho. E por toda a vida seguiu os conselhos do papagaio. Conselhos ótimos, muito malucos e divertidos. Ficou tão poderoso e respeitado por todos que, quando ia visitar a aldeia, ninguém mais zombava dele. E se juntavam todos para ver sua carruagem passar, gritando:

– *Ei, ei, ei! João Bobo é nosso rei!*

Ei, ei, ei! João Bobo é nosso rei!

Quem é

Ana Maria Machado

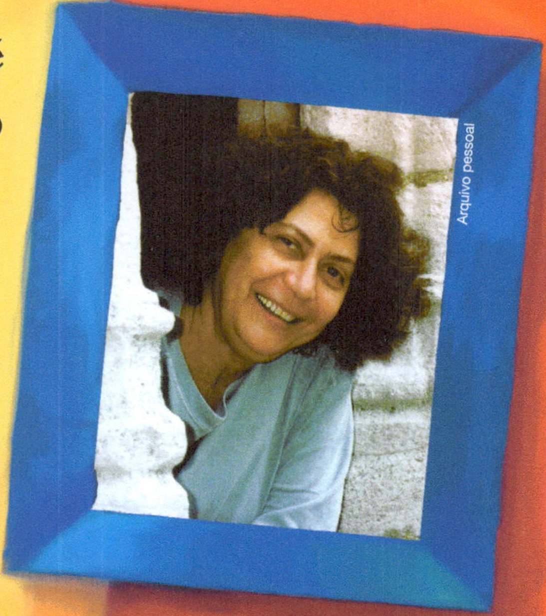
Arquivo pessoal

Meu nome é Ana Maria Machado e eu vivo inventando histórias. Algumas delas, eu escrevo. E dessas que eu escrevo, algumas andam virando livros. Em sua maioria, livros infantis, quer dizer, livro que criança também pode ler. Adoro meu trabalho. Ainda bem, porque acho que não ia conseguir viver se não escrevesse. Tanto assim que já fui professora, já fui jornalista (já fui chefe de uns trinta jornalistas ao mesmo tempo), já fiz programa de rádio e acabei largando tudo para só viver de livro.

Coisas de que gosto: gente, mar, sol, natureza em geral, música, fruta, salada, cavalo, dançar, carinho. Coisas que eu não aguento: qualquer forma de injustiça ou prisão e gente que quer cortar a alegria dos outros. Mas isso nem precisava dizer – é só ler meus livros que todo mundo fica sabendo.

Site da autora: www.anamariamachado.com

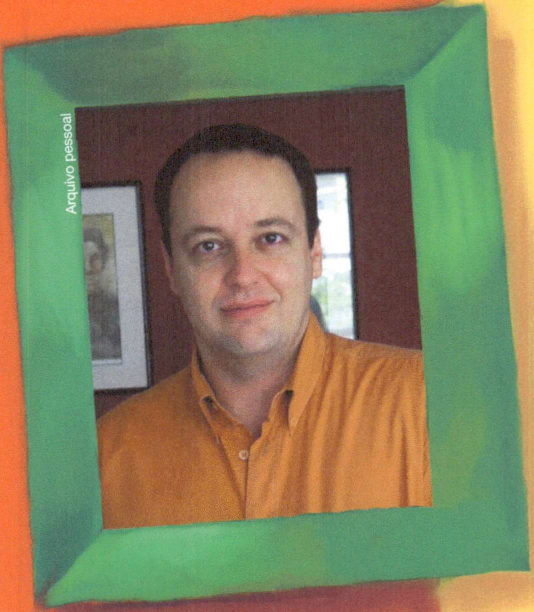
Arquivo pessoal

Quem é
Roberto Weigand

Nasci em São Paulo, em 1968. Logo, meus pais mudaram-se para um sítio em Jundiaí, onde passei minha infância brincando em pomares, montando a cavalo, ouvindo histórias e lendas do folclore da região, e principalmente, desenhando muito.

Em 1987 voltei a capital para cursar arquitetura na Universidade de São Paulo. Mas a minha fascinação pela união da palavra escrita com o desenho me levou para um outro caminho. Passei a ilustrar jornais, livros e revistas.

Matheus, que nasceu em 1998, foi minha inspiração para o universo da literatura infantil. Meu primeiro trabalho, *Dez sacizinhos*, recebeu os prêmios Jabuti e Ofélia Fontes.

EDITORA FTD S.A.
Matriz: Rua Rui Barbosa, 156 (Bela Vista) São Paulo – SP – CEP 01326-010
Tel. (0xx11) 3598-6000 – Caixa Postal 65149 – CEP da Caixa Postal 01390-970
Internet: www.ftd.com.br – E-mail: projetos@ftd.com.br

Gerente editorial Ceciliany Alves • **Editora** Dulcy Grisolia • **Editor assistente** Luís Camargo • **Preparadores e revisores de texto** Adolfo José Facchini, Elvira Rocha, Jane dos Santos Coelho Taniguchi, Maria Clara Barcellos Fontanella • **Editora de arte** Andréia Lopes Crema • **Projeto gráfico (capa e miolo)** Edgar Sgai • **Ilustrador** Roberto Weigand • **Diagramador** Fabiano dos Santos Mariano • **Assistente editorial** Lilia Pires • **Digitadora** Maria Lamano
Editoração eletrônica *Finalização* Andréa Wolff Gowdak Noto
Coordenação Carlos Rizzi e Reginaldo Soares Damasceno

Dados Internacionais de Catalogação na Publicação (CIP)
(Câmara Brasileira do Livro, SP, Brasil)

Machado, Ana Maria
João Bobo / recontado por Ana Maria Machado ; ilustrações de Roberto Weigand. — Ed. renov. — São Paulo : FTD, 2004. — (Coleção lê pra mim)
1. Literatura infantojuvenil I. Weigand, Roberto. II. Título. III. Série.

04-1048 CDD-028.5

Índices para catálogo sistemático:
1. Literatura infantil 028.5
2. Literatura infantojuvenil 028.5

A - 580.766/19

www.ingramcontent.com/pod-product-compliance
Ingram Content Group UK Ltd.
Pitfield, Milton Keynes, MK11 3LW, UK
UKHW062123300826
14795UKWH00003B/93
* 9 7 8 8 5 3 2 2 5 2 0 6 7 *